Matthias Alexander • Peter Lückemeier (Hg.)

101 Frankfurter Gesichter

Matthias Alexander • Peter Lückemeier (Hg.)

101 Frankfurter Gesichter

SOCIETÄTS
VERLAG

Alle Zeichungen von Oliver Sebel

Satz: Nicole Proba, Societäts-Verlag
Umschlaggestaltung: Nicole Proba, Societäts-Verlag
Druck und Verarbeitung: freiburger graphische betriebe
Printed in Germany 2011

ISBN 978-3-942921-09-1

Inhaltsverzeichnis

Vorwort

Die allererste Folge der „Frankfurter Gesichter" erschien am 14. März 1959. Bei dem Porträtierten handelte es sich um Dr. Guido Hertel, den Präsidenten des damals noch in Frankfurt angesiedelten Bundesrechnungshofes, beim Autor um den freien Mitarbeiter Rolf Trommershausen. Seitdem sind Woche für Woche (außer wenn der Samstag auf einen Feiertag fiel) die „Frankfurter Gesichter" auf der Seite 2 des Lokalteils erschienen. Die anfängliche Nummerierung der Folgen wurde nach der einunddreißigsten eingestellt; vielleicht ahnten die Zeitungsmacher damals schon, dass einer Stadt wie Frankfurt nie die interessanten Köpfe ausgehen werden – fast viertausend Porträts sind in dieser Rubrik bislang gedruckt worden. Von Anfang an wurden die „Gesichter" gezeichnet. Die Zeichner wechselten, es waren: Hans Traxler (1959 bis 1960), Helmuth Hellmessen (1960 bis 1962), Klaus Meyer-Gasters (1962 bis 1967) und Thomas Zach (1967-1971).

Dann aber prägten jahrelang – von 1971 bis zu seinem Tod im November 1999 – Erich Dittmanns Bleistift- und Kohleporträts die Rubrik. Der gebürtige Frankfurter, ein liebenswürdiger Könner, der sich auch als Tiermaler und später als Gerichtszeichner für das ZDF einen Namen machte, begleitete die Schreiber viele Jahre zu ihren Terminen. Es war faszinierend, ihn beim Zeichnen zu beobachten: Hier saß der Gesprächspartner, dort auf Dittmanns Schoß entstand nach und nach in etwa einer Stunde dessen Abbild, anfangs eher abstrakt, später auf Wunsch der Redaktion ganz gegenständlich. Als er im fortgeschrittenen Alter nicht mehr so gern das Haus verließ, zeichnete Dittmann die „Gesichter" nach fotografischen Vorlagen. Für Eingeweihte hielt er mit einem kleinen Zeichen fest, wie jedes Porträt entstanden war: Bei Zeichnungen nach lebendem Vorbild machte er bei der Signatur einen kleinen Kreis auf das i in seinem Kürzel „Edi", bei denen nach Foto nur einen Punkt. Dittmanns Blick war im Übrigen unbestechlich, er machte niemanden schöner, als er war. Mit einer Ausnahme: In den schlechten Zeiten nach dem Krieg fuhr er in die Wetterau, um gegen Naturalien die Töchter der Bauern zu porträtieren. Für ein paar Eier mehr hat er sie dann etwas aufgehübscht.

Nach Erich Dittmanns Tod war Oliver Sebel die natürliche Wahl. Sebel ist Absolvent der Hochschule für Gestaltung in Offenbach und lebt seit 1987 vom Zeichnen. Durch seine Karikaturen in der Lebensmittel-Zeitung des Deutschen Fachverlags war die Wirtschaftsredaktion der Frankfurter Allgemeinen Zeitung auf ihn aufmerksam geworden, Sebels Könnerschaft wurde bald auch von anderen Redaktionen des Blattes entdeckt. Mehr muss hier über ihn gar nicht verraten werden, denn er selbst war schon ein „Frankfurter Gesicht", was in diesem Buch auf Seite 162 nachzulesen ist.

Und wer wird ein „Frankfurter Gesicht"? Die Antwort fällt relativ leicht: Wer interessant ist. Und wer der Redaktion sympathisch ist, wer sie beeindruckt oder wer durch den Radius seiner Beziehungen so bekannt ist, dass man das Unbekannte in seiner Vita entdecken möchte. Manche werden nach einer Weile „qua Amt" ein „Gesicht", denn an einem Universitätspräsidenten oder Opernintendanten kommt man nicht vorbei. Aber keineswegs werden in dieser Rubrik nur die Großen, Mächtigen oder Schönen dargestellt, sie ist offen für jeden und jede, sofern sie nur Interesse wecken. Auch muss ein „Frankfurter Gesicht" nicht in Frankfurt wohnen – allzu oft sind Wohn- und Wirkungsort ja nicht identisch.

Natürlich muss man selbst traditionelle und bewährte Rubriken wie die „Frankfurter Gesichter" gelegentlich in Frage stellen. Wir taten dies Anfang der neunziger Jahre. Anstatt der Zeichnung hätte dann ein inszeniertes Foto die Personen, ihren Charakter und ihre Tätigkeit illustrieren sollen. Wir nahmen von dieser Idee bald Abstand, weil deren Umsetzung jeweils auch das schauspielerische Mitmachen der Porträtierten voraussetzte und wir überdies fanden, die Zeichnung in der Zeitung sei zwar eine alte, aber keine altmodische Form der Präsentation.

Alle in diesem Buch vereinten „Frankfurter Gesichter" sind von Oliver Sebel gezeichnet, wir hatten also eine Auswahl aus allen rund 600 Porträts zu treffen, die seit November 1999 in der Zeitung gestanden haben. Diese Wahl ist natürlich vollkommen subjektiv, einzig das vermutete Interesse der Leser stand dabei im Vordergrund.

Etliche Porträts in dieser Sammlung, die hier in chronologischer Reihenfolge gedruckt werden, sind gleichsam überholt: Paolo Carignani dirigiert nicht mehr an der Oper, Peter Steinacker steht nicht mehr an der Spitze der Landeskirche, Herbert Beck hat längst dem Städel Adieu gesagt, Rainer Weiss verlegt keine Bücher mit weißen Titeln mehr. Einen Moment lang überlegten wir, ob die „Gesichter" in diesem Buch aktualisiert werden sollten. Doch haben wir uns schnell anders entschieden – in der Hoffnung, dass durch die Authentizität des Augenblicks die Porträts den Reiz der Zeitgeschichte gewinnen. Die bunte Mischung dieser beschriebenen 101 Persönlichkeiten spiegelt nebenbei die Vielfalt und Lebendigkeit Frankfurts: En passant wird einem klar, wie interessant es ist, in dieser Stadt zu leben und vielen „Frankfurter Gesichtern" zu begegnen.

Matthias Alexander *Peter Lückemeier*

Christa Näher

„Jede Begegnung mit der Öffentlichkeit ist eine Störung", zitierte Städelschulprofessorin Christa Näher Nobelpreisträger Elias Canetti, als sie vor illustrer Versammlung im Limpurgsaal den Karl-Ströher-Preis entgegennahm. Hinzugefügt hat sie dann aber noch, nicht jede Störung sei unangenehm. Inzwischen ist ihr damals für das Museum für Moderne Kunst erworbene Bild „Der Narrenturm" im Depot des Museums gelandet, während die Künstlerin überregionale und internationale Bekanntheit erlangte. In öffentlichen und privaten Sammlungen ist sie vertreten. Gegen den Zeitgeist geht sie existenziellen Fragen nach, verwebt aus Selbst- und Welterfahrung Mythos und Realität zur unheimlichen Bestandsaufnahme der Gegenwart. Zutiefst beunruhigend lassen ihre mit hoher malerischer Qualität verrätselten Bildmotive von Räumen und Landschaften, Gesichtern, Chimären und Pferden, immer wieder Pferden keinerlei Eindeutigkeit zu; unlösbar sind Licht und Schatten, Eros und Thanatos miteinander verbunden. Dieses Lebendige, das hinter dem Physischen verborgene Grundgefühl aufscheinen zu lassen ist Anlass und Thema ihrer vielschichtigen Kunst. Denn „meine Geschichte beginnt vor zehntausend Jahren, vielleicht ..."

Amtlich beglaubigt führt ihre Biografie nach Lindau am Bodensee, wo sie vor 52 Jahren geboren wurde. Aufgewachsen ist sie bei Konstanz „mit einer nahezu triebhaften Verbundenheit zur Natur". Das Studium an der Berliner

Hochschule der Künste – mit einem Stipendium – war für das Landkind „mit dem Pferdegefühl in mir“ eher enttäuschend. Niemand begriff, dass sie Pferde malte. Deren unverminderter Stellenwert als Ausdrucksträger ihrer verhüllten Fantasie wird im kommenden Jahr in der großen Retrospektive auf ihre Oeuvre im hiesigen Kunstverein abzulesen sein.

Seit ihrer Berufung an die Städelschule – 1987 – ist Christa Näher Pendlerin zwischen Köln und Frankfurt. Am Rhein malt sie, am Main lässt sie malen und zeichnen, fotografieren, plastisch arbeiten oder wie sonst sich die jungen Kunstadepten ausdrücken wollen. Themen stellt sie nicht, doch immer wieder gibt sie Anregungen und vor allem Rat, zumeist im Einzelgespräch. Dass der Weg des Künstlers mit Arbeit, Arbeit, Arbeit gepflastert ist, verhehlt sie nicht. Umso mehr freut es sie, dass zwei ihrer Schüler – Johannes Spehr und Max Mohr – bereits von der Kunst leben können. Wie die Professorin und die angehenden jungen Kollegen in der Begegnung miteinander Freude finden, zeigte sich nicht zuletzt vor einigen Jahren in Berlin an ihrer Kollektivausstellung.

Knapp 20 Studierende verteilt auf vier Ateliers, unterrichtet sie derzeit während zwei, drei oder auch mehreren Wochentagen, da sie in der Städelschule haust. Ein sehr großes, sehr hohes Atelier – wo zuvor Christian Kruck seine Druckwerkstatt hatte – ist dann ihr Frankfurter Heim. Eine Couch, ein kleiner Tisch, ein paar Stühle, dazu ein Regal – in dem sie nie das Gesuchte findet – und ein wunderschöner Biedermeiereckschrank sind das karge Mobiliar; an den Wänden ein, zwei Schülerarbeiten. Fanni, ihr geliebter kleiner Rehpinscher – „ich kann ihn in der Bahn in die Tasche stecken“ –, nimmt sich in dem Riesenraum aus wie ein Mäuschen. So gern die Künstlerin wegen der Kommunikation mit der jungen Generation in Frankfurt, so gern sie in Köln an ihrer Staffelei ist – zu Hause fühlt sie sich nur in Wolfegg. In dem kleinen Ort im Allgäu mit alter Burg und weiten Wiesen fürs Weidevieh hat sie ihr Buen Retiro. In ihrer Vorstellung traben dort bereits zwei edle Nachkommen aus dem berühmten Gestüt von Moritzburg herum. Schließlich geht, wie Christa Näher sagt, lehrt und malt, „die Vision der Realität voraus“.

Von Christa von Helmolt

Paolo Carignani

Der Mann hat es gut: Kaum zeigt er sich in der Öffentlichkeit, jubeln ihm schon zahlreiche Menschen zu. „Dirigent müsste man sein", sagte ein Besucher der Alten Oper mit wohlwollendem Neid nach einem Konzert mit Paolo Carignani. Viele Musikfreunde wissen aber auch, wie nah beieinander Bravos und Buhs in dieser Branche liegen können. Andererseits ist es Künstlern immer wieder gelungen, in die Rolle wahrer Publikums-Lieblinge zu schlüpfen, und Carignani, der neue Frankfurter Generalmusikdirektor, ist schon jetzt auf dem bestem Wege, sich zu einem Sympathieträger zu entwickeln, obwohl er kraft seines Amtes die überwiegende Arbeitszeit im Orchestergraben der Oper verbringt. Doch der betont herzliche Applaus seines Publikums, wenn Carignani doch einmal auf dem Podium – etwa als Chef des Museumsorchesters – erscheint, beweist: Dieser Mann ist in Frankfurt angekommen.

Der Weg war weit und führte ihn durch halb Europa: Carignani wurde 1961 in Mailand geboren, studierte dort am Konservatorium Orgel und Klavier sowie Komposition bei Niccolò Castiglioni. Um sich bei einer Internationalen Dirigenten-Meisterklasse von Hiroyuki Iwaki profilieren zu können, musste er nach Hilversum wechseln. Es folgten Dirigate bei Festivals und an den Opernhäusern von Rom, Neapel, Bologna und Genua, in Amsterdam, Barcelona, Zürich und an der Wiener Staatsoper. Nun aber ist der sympathische Enddreißiger am Main, wo er sich bis zum Jahr 2004 daran beteiligen soll, die Geschicke der Oper in möglichst bahnbrechender Qualität zu lenken.

Wer Carignani kennt und seine Arbeitsweise erlebt hat, dürfte ihm da einiges zutrauen. Dem menschlich überaus einnehmenden, einen allgemein als angenehm empfundenen Umgangston pflegenden Italiener wird nachgesagt, bei Orchesterproben mit zäher Ausdauer am Klangbild zu feilen. Seinem Temperament wäre es zuzutrauen, bei einem öffentlichen Konzert – gegen übliche Gepflogenheiten – einen Sinfoniesatz wiederholen zu lassen, falls er mit dem Ergebnis nicht zufrieden wäre. Halbe Sachen hat Carignani noch nie gemocht, und sie waren auch im Kreis der Familie nicht üblich: Der Vater verdiente sein Brot als Elektriker, und Sohn Paolo offenbarte schon als Knabe einen derart beängstigend anmutenden Energieüberschuss, dass die Mutter ihn kurzerhand bei einer Musikschule anmeldete. Was vielleicht nur als Ablenkungsmanöver gedacht war, stachelte erst richtig an: Bald gab es Probleme mit den Nachbarn, weil der Heranwachsende Geschmack an der Tonkunst fand und neun Stunden am Tag Klavier übte.

Auch heute hat Carignani seine Meinung nicht wesentlich geändert: „Wir müssen üben, üben, üben – wie Handwerker acht Stunden pro Tag, dann können wir unsere Sache vielleicht gut machen." Zum Sonntagsausflug bleibt da meist noch wenig Zeit. Nur der tägliche Gang ins Café ist zur Selbstverständlichkeit geworden. Der Espresso wird natürlich im Stehen genommen – ganz so wie in der Heimat. An Frankfurt schätzt Carignani besonders die Offenheit seiner Bewohner, was ihn an Mailand erinnert – „ganz im Gegensatz zu den Wienern".

Von Harald Budweg

Peter Knorr

Zur Stammformation der „neuen Frankfurter Schule", jenes illustren Kreises von Satirikern und Karikaturisten um die Zeitschrift „Pardon" und ihrer Nachfolgerin „Titanic", gehört seit drei Jahrzehnten Peter Knorr. Der freie Schriftsteller ist in der deutschen Nationalmannschaft des Humors zwar nicht der Torschützenkönig, aber dafür ein beständiger Leistungsträger im Spielaufbau. Knorr war es, der maßgeblich beigetragen hat zur Gründung des Satiremagazins „Titanic", des Flaggschiffs der deutschen Humor-Flotte. Er ist ein exzellenter Teamarbeiter, der gute Leute finden und zusammenhalten kann.

Mit Robert Gernhardt und Bernd Eilert bildet Knorr seit 25 Jahren ein infernalisches Trio, dessen satirische Erfindungskraft unter anderen der Komiker Otto Waalkes nutzte: zuerst unter Verletzung der geistigen Eigentumsrechte, indem Otto einfach Gags der Drei aus der „Titanic" ungefragt entlehnte, dann jedoch im partnerschaftlichen Miteinander. „Otto – das Buch", ihr erstes gemeinsames Produkt, stand 1980 zehn Wochen auf Platz eins der Bestsellerliste, „Otto – der Film" (1985) ist der kommerziell erfolgreichste deutsche Kinofilm aller Zeiten. Auch bei den nächsten drei Otto-Filmen waren Knorr, Gernhardt und Eilert die Ideengeber.

Zur Satire gekommen ist Knorr, der 1939 in Salzburg geboren wurde und den es über Prag und Dresden schließlich nach Steinatal in Nordhessen verschlug, beim Heidelberger Studentenkabarett „Bügelbrett". Dort entdeckte er sein Talent für das satirische Schreiben, das er dann in Frankfurt von 1968 an als Redakteur von „Pardon" entfalten konnte. Weil er keinen Chef haben wollte, gab er 1971 den Redakteursjob auf und machte sich schnell als freier Satiriker vor allem über den Hessischen Rundfunk einen Namen, wo er für diverse Comedy-Serien und Satire-Sendungen schrieb. Unter Knorrs zahlreichen Veröffentlichungen war vor allem der von Hans Traxler illustrierte Kohl-Band „Birne – Das Buch zum Kanzler" erfolgreich. Im April dieses Jahres ist übrigens der Folgeband erschienen, „Birnes letztes Abenteuer".

Komik enthält Kritik und Kritik Komik: Nur wer diesen Zusammenhang kennt, kann nach Knorrs Erfahrungen treffende Satire machen. Genau hinschauen, den Lauf der Dinge geistesgegenwärtig registrieren und mit Schmackes und Verve die Einfälle dazu in eine sprachliche Form bringen – so entsteht laut Knorr Komik. Er und seine Kollegen arbeiten hart, um satirische Funken aus den aktuellen Geschehnissen zu schlagen. Beim Bier, so weiß Knorr, fliegen einem – entgegen landläufiger Auffassung vom künstlerischen Erfinden – kaum Ideen zu. Man brauche vielmehr ein Thema, das man dann konzentriert auf seine komischen Aspekte hin absuche und bearbeite.

Seit geraumer Zeit schreibt Knorr immer häufiger für sich allein. Einfach ein weißes Blatt Papier vor sich zu haben und es füllen zu können, ohne Auftrag, ohne Termin, ohne Zwang – das gönnt er sich inzwischen und kann es sich auch leisten. So ist zum Beispiel ein literarischer Reiseführer „Mallorca – Insel der Inseln" entstanden, der jetzt beim Schöffling-Verlag herausgekommen ist. Knorr weiß, über was er da geschrieben hat, denn er besitzt seit vielen Jahren ein Bauernhäuschen auf der Mittelmeer-Insel. Ganz zurückziehen dorthin wird sich der Wahl-Frankfurter allerdings nicht, denn: „Die Idylle ist der Satire nicht förderlich."

Von Hans Riebsamen

Manfred Kaufmann

Wie ein Mann gekleidet ist, fällt oft auf seine Partnerin zurück. Bei dem Direktor der Klinik für Geburtshilfe und Gynäkologie des Universitätsklinikums trifft dies auch zu. Seine Aversion gegen zeitraubende Einkäufe geht so weit, dass seine Ehefrau eine Auswahl von Hemden, Hosen oder Anzügen mit nach Hause bringt. „Wenn mir das erste Stück nicht passt, verliere ich die Geduld", gesteht Professor Manfred Kaufmann, der genau das nicht hat: Geduld.

Seine Patientinnen freilich profitieren von dieser Eigenschaft. Denn im Operationssaal muss bei ihm alles wie am Schnürchen laufen. Der Dreiundfünfzigjährige genießt einen hervorragenden Ruf als Chirurg. Und seine Kollegen loben ihn als einen äußerst motivierenden Charakter, „der sehr überlegt delegiert". Internationales Ansehen genießt der Mann, der auf knapp 350 wissenschaftliche Publikationen in Zeitschriften, 23 Bücher und 145 Buchbeiträge verweisen kann, vor allem als Krebsforscher – insbesondere ist er Spezialist für die Behandlung bösartiger Erkrankungen von Brust und Eierstöcken. Kaufmann hat viele große internationale Studien initiiert und auch geleitet. Zurzeit ist der Forscher spezifischen Angriffspunkten von Krebsgeschwulsten auf der Spur und hofft, diese einmal durch eine Immuntherapie und ohne Operation vernichten zu können.

Hätte der 1946 in Crailsheim zwischen Nürnberg und Stuttgart geborene Kaufmann allerdings nach dem Abitur keine Reise nach Paris gemacht, der leidenschaftliche Besucher von Kunstausstellungen wäre heute Maler. „Das war mein Traum“, der sich allerdings angesichts der vielen Künstler in der französischen Hauptstadt verflüchtigte. Und so entschloss sich der ehemalige Schüler eines naturwissenschaftlichen Gymnasiums, Medizin zu studieren, zunächst in Erlangen, später in Heidelberg. Anschließend, als wissenschaftlicher Assistent am Deutschen Krebsforschungszentrum in Heidelberg, kristallisierte sich seine Spezialisierung auf Tumorleiden heraus. Viel gelernt habe er über die Krebszelle in der Mayo-Clinic in Rochester und im Memorial Sloan-Kettering Cancer Center in New York.

Von seiner Lieblingsstadt New York und dem pulsierenden Leben dort schwärmt der Wahl-Frankfurter noch heute. Nach New York und Venedig setzt er die Mainmetrople aber immerhin auf Platz drei seiner persönlichen Weltrangliste – wegen der Wolkenkratzer und „weil die Leute hier so offen sind“. Seine knapp bemessene Freizeit verbringt der Chefarzt, der zusätzliche Verpflichtungen als Prodekan des Universitätsklinikums, als Vorsitzender der Promotionskommission und der Laborkommission hat, gerne im Kreise der Familie. Beim Besuch von Kunstausstellungen freilich werden oft alte Träume geweckt.

Von Brigitte Roth

Iring Fetscher

Iring Fetscher ist ein politischer Mensch, in Theorie und Praxis. Seine eigenen Werke zur Zeitgeschichte und zu Geistesgrößen wie Rousseau und Marx füllen ganze Regale in seinem Heim im Dichterviertel, in dem längst fast alle Zimmer zu Außenstellen der Hausbibliothek geworden sind. Bei aller Schreibtischarbeit hat sich der emeritierte Professor für Politologie an der Frankfurter Universität immer auch die Zeit für öffentliche Auftritte genommen. Dem Universitätslehrer, der wie wenige Kollegen komplizierte Sachverhalte allgemeinverständlich ausdrücken kann, wurde deshalb in den siebziger Jahren sogar der Spitzname „Fernsehprofessor“ verliehen. In diesem Titel schwang natürlich auch der Spott der akademischen Welt mit, die mediale Präsenz ihrer Mitglieder gerne abstraft. Doch Fetscher hat es geschafft, sein großes wissenschaftliches Renommee zu bewahren.

Neben Wissenschaft und pädagogischer „Öffentlichkeitsarbeit“ im Dienste der demokratischen Verfassung suchte Fetscher auch den Kontakt zu den Politikern. Er war Berater Willy Brandts schon in dessen Berliner Zeit. Holger Börner holte ihn in die Grundwertekommission der SPD. Erst anschließend trat Fetscher, der sich selbst als „durch und durch liberal“ bezeichnet, der SPD bei. Um einer Partei anzugehören, genüge es, zu 51 Prozent mit deren Zielen übereinzustimmen, meint er. Diese pragmatische Einstellung hat ihn davor bewahrt, die Unabhängigkeit der Überzeugung zu verlieren. Mit einer Karriere als Europaparlamentarier hat er einmal geliebäugelt. Es blieb beim Wunsch, denn den mühsamen Weg einer Parteikarriere wollte er dafür nicht einschlagen.

Der Vater von zwei Söhnen und zwei Töchtern spricht nicht begeistert, aber doch sehr freundlich über Frankfurt. 1964 ist er mit seiner Familie aus Tübingen an den Main zogen. Eine „ehrliche Stadt“ sei Frankfurt, die keinen Unterschied mache zwischen Zugewanderten und Alteingesessenen. Das Theater, das Städel, überhaupt das kulturelle Leben in Frankfurt fallen Fetscher ein, wenn er Vorzüge der Stadt nennen soll. Als regelmäßiger Teilnehmer hat er die Römerberg-Gespräche mitgeprägt. Dass er Rufe nach Konstanz, Nimwegen und Wien ablehnte, war aber vor allem dem Wunsch seiner Frau zu verdanken, in Frankfurt zu bleiben.

Fetscher sieht man seine 78 Jahre nicht an. Er strahlt einen fast jungenhaften Optimismus aus, der sich aus einem offenbar unerschütterlichen Glauben an die Kraft der Vernunft speist. Diskussionen sind das Lebenselixier des Politologen. Vor allem Fragen der medizinischen Ethik, die Abtreibungsdebatte und die Gentechnik treiben ihn um. Seine Antworten sind auch hier pragmatisch und vermittelnd.

Fetscher wuchs in Dresden auf. Im Zweiten Weltkrieg kämpfte er als Leutnant vor allem an der Ostfront. Der Soldatenzeit hat er breiten Raum in seiner Autobiografie eingeräumt, zur Verwunderung manches Rezensenten. Dabei liegt in der persönlich erlebten Geschichte des „Dritten Reichs“ der Schlüssel zur Berufswahl und zur Berufsauffassung Fetschers. Der Vater verlor nach der Machtergreifung die Stelle eines Medizinprofessors an der TH Dresden und wurde am 8. Mai 1945 von der SS erschossen. Dem Kampf gegen den Ungeist hat der Sohn sein Leben gewidmet.

Von Matthias Alexander

Herbert Beck

Er spricht sehr lange, oft mit feiner Ironie unterfütterte, aber immer klare Sätze. Man hört ihm gerne zu. Denn er präsentiert nicht nur Wissensschätze, ästhetische Meinungen und gelegentlich Anekdotisches. Er repräsentiert auch mit Selbstbewusstsein und einer gewissen Grandezza jene Institution, die einmal der ganze Stolz des bürgerlichen Zeitalters war: das Museum.

Wie wenige andere verkörpert Herbert Beck den Typus des wissenschaftlich orientierten, vom Rang des Kunstwerks als höchster Menschheitsleistung überzeugten Musentemplers. Dabei hat er längst einen Weg beschritten, der wegführt aus dem hermetischen Raum der Gelehrten und Kenner. „Ich diene zwei Herren", sagt Beck lächelnd, „der Kunst und der Öffentlichkeit." Und so sieht er seine Aufgabe zunehmend in der Vermittlerrolle.

Er moderiert zwischen den Werken und dem Publikum. Und zwischen Mäzenen und der Institution. Er sei beweglicher geworden in den letzten Jahren, gibt er zu. Museen bräuchten Förderer und ein breites Publikum. Um beides müsse man sich kümmern. Beck, seit den frühen siebziger Jahren Leiter des Liebieghauses, des Museums alter Plastik, und seit fünf Jahren zusätzlich Direktor des Städel, ist es gelungen, viele Spender für beide Häuser zu gewinnen. Eine kontinuierliche Erweiterung der Sammlung im Liebieghaus hat den Ruf des Instituts gefestigt, eine der besten deutschen Museumsadressen zu sein. In neuem Glanz erstrahlt Frankfurts bedeutendstes Museum: Unter Becks ruhiger

Führung avancierte das Städel zu einer international konkurrenzfähigen Einrichtung. Mit einer ansprechenden Hängung in neu gestalteten Räumen und einem klaren Ausstellungskonzept, mit einem Restaurant und einer Buchhandlung. Er selber rührte unermüdlich die Werbetrommel für die umfassende Erneuerung des Gebäudes, zu dessen Finanzierung private Spender den Löwenanteil beigetragen haben.

Der Museums-Chef propagiert eine neue Offenheit. Expertentum allein genügt nach Auffassung Becks nicht mehr. „Man kann keine großen Scharen für die Frage interessieren, ob dieses Gemälde aus dem Jahr 1453 oder 1455 ist." Die Kunstgeschichte sei zwar immer noch wichtig, wenn es darum gehe, bei der Beurteilung von Werken methodisch zu verfahren. Aber in einem Museum müsse man auch auf die veränderte Art und Weise eingehen, wie sich Menschen heute den Objekten näherten – seltener als einst mit mythologischem Vorwissen oder Kenntnissen der Bibel, dafür freilich häufig mit einem Enthusiasmus für das Schöne und einer Begeisterung für das Außergewöhnliche: „Zuerst kommt die Kunst und dann die Vermittlung."

Das Museum habe eine neue Rolle: Es gebe das zunehmende Bedürfnis, Gemäldegalerien und Skulpturensammlungen als gesellschaftliche Orte zu nutzen, erläutert der 1941 in Hanau geborene Institutsleiter. Die Beispiele in Paris, London oder Bilbao zeigten, wie wichtig Ausstellungshäuser in der Gegenwart für das Selbstverständnis der Bürger seien. Und wo sonst, sagt Beck, wenn nicht an den Beispielen der großen Kunst, könnten die Zeitgenossen lernen, was Individualität bedeute.

Von Michael Hierholzer

Lothar Gall

Lothar Gall hat sich den Zeitläuften meist verweigert. Als die Historiker in ihrer Mehrzahl in den siebziger und achtziger Jahren die Vergangenheit nur noch nach Strukturen absuchten und sich Ereignisse in Tabellen und Grafiken auflösten, blieb er dabei, Geschichte als solche von Menschen zu vermitteln – erzählend, in überlegten Worten, die Darstellung und vorsichtige Analyse verbinden. Als die Historiker in ihrer Mehrzahl nur noch die Vergangenheit der einfachen Leute im Auge hatten und ihre Bücher mit Bertolt Brechts „Fragen eines lesenden Arbeiters" einzuleiten pflegten, arbeitete Gall an seiner Biografie Otto von Bismarcks; später wandte er sich für Jahre dem Bürgertum im 19. Jahrhundert zu. Und den Versuchungen der Zeitgeschichte, die Junghistoriker mit dem Versprechen der Popularität lockt und sie erst später merken lässt, welche Gefahr der Instrumentalisierung durch Politik sie in sich birgt, ist er nie erlegen.

Gall beherrscht die unter Wissenschaftlern seltene Kunst des guten Schreibens, er wägt sein Urteil ab und hat sich auf die großen Themen konzentriert, sodass sich stets nicht nur das Fachpublikum für seine Bücher und die von ihm betreuten Ausstellungen interessierte. Die Bismarck-Biografie wurde sogar ins Japanische übersetzt. Dies alles, aber auch das selbstbewusste Auftreten und Durchsetzungsvermögen haben dazu geführt, dass Gall trotz seines unzeitgemäßen Oeuvres seit nunmehr zwei Jahrzehnten in der ersten Liga der Historiker spielt und zahlreiche Auszeichnungen erhalten hat, darunter 1993 den Balzan-Preis. Mit seinen vielen Funktionen in verschiedenen Verbänden ist er ein regelrechter Wissenschaftsmanager mit Einfluss, bei den Historikern an der Johann Wolfgang Goethe-Universität mehr als nur einer unter vielen Professoren. Wer an die Frankfurter Geschichtswissenschaft denkt, denkt an Gall.

Zum Studium der Geschichte kam er eher zufällig. Eigentlich hatte sich der am 3. Dezember 1936 in Ostpreußen Geborene nach der Schulzeit in Salem zunächst für Jura eingeschrieben. An Geschichte, die er bei Franz Schnabel hörte, faszinierte ihn der Blick für die größeren Zusammenhänge. 1960, nach gerade einmal acht Semestern, wurde Gall schon promoviert, 1967 habilitierte er sich in Köln. Seit 1975 lehrt er in Frankfurt. Für seinen Arbeitsort bereitete er mit einem Team die Ausstellungen zum Stadtjubiläum 1994 und zum Jubiläum der Nationalversammlung 1998 vor. Er wohnt hingegen in einer sorgsam restaurierten Jugendstilvilla in Wiesbaden – gelebtes Bürgertum des Bürgertum-Historikers. Galls Frau ist Gesangsprofessorin an der Mainzer Universität.

Zuletzt hat Gall den Zeitläuften nicht ganz getrotzt. Seitdem die Unternehmensgeschichte einen unverhofften Aufschwung erlebt, hat er sich an mehreren Sammelwerken beteiligt und vor Kurzem ein Buch über Krupp vorgelegt. Die Geschichte von Firmen zu schreiben ist nach wie vor heikel. Für einen renommierten Mann wie Gall öffnen die Unternehmen ihre Archive bereitwillig, während dieser sich wiederum dieser Themen angenommen hat, weil er meint, die Wirtschaft sei in der allgemeinen Geschichte bisher zu kurz gekommen. Dem Hang zu den Großen der Geschichte bleibt Gall aber treu: Das nächste Buch wird von Hermann Josef Abs handeln.

Von Manfred Köhler

Heiner Thorborg

Sollte sich jemand bei Heiner Thorborg vorstellen und sich bei der Sekretärin nicht für den Kaffee bedanken, dann sinken seine Chancen. Auch ein lascher, feuchter Händedruck oder das Tragen zu kurzer Socken fördern nicht unbedingt den Gesamteindruck. Solche Einzelheiten entgehen ihm nicht, denn Thorborg muss schon genau hinschauen: Er ist Personalberater, übrigens einer der wenigen Einzelkämpfer.

Zur Personalberatung, auf gut deutsch auch Head Hunting (Kopfjagd), führt in der Regel kein gerader Weg. So auch bei Thorborg. Der am 8. August 1944 in Buxtehude geborene Sohn eines Einzelhändlers wollte schon früh „irgendwas Geschäftliches" machen. Folgerichtig studierte er Betriebswirtschaft, machte nach acht Semestern das Examen mit der Note „sehr gut" und verdingte sich, gelockt mit einem Sportwagen, in Hamburg bei einem Im- und Exportunternehmen, wechselte zu einer Düsseldorfer Maschinenbaufirma und ging dann für die Konkurrenz sechs Jahre lang nach Südafrika, erst als Verkaufsleiter, später als Alleingeschäftsführer. Als er 1979 nach Deutschland zurückkehrte, wollte er Vorstand in einem Unternehmen werden.

Die Wende in seinem Leben trat ein, als er Egon Zehnder kennenlernte, den seriösen Doyen einer Branche, in der sich bis heute viele Geschäftemacher tummeln. Zehnder, ein Schweizer, der Diskretion und Verlässlichkeit zu seinen Maximen zählte, beeindruckte Thorborg sehr: „Eine Art Vaterfigur, charismatisch, warmherzig, jemand, mit dem man gut reden kann." Thorborg ließ sich ein wenig widerwillig zur Personalberatung überreden. Anfangs schielte er vor allem darauf, ob nicht für ihn selbst vielleicht ein gutes Angebot dabei sein könnte. Dann schickte ihn Zehnder bald nach Frankfurt, um hier ein Büro zu gründen. Neun Jahre später stieg er aus, um sich selbstständig zu machen. Bis heute („Ich bin Unternehmer") ist er ohne Partner geblieben, er vermittelt Führungskräfte, die pro Jahr mindestens 200 000 Mark, aber auch gern mehr verdienen. Als Honorar nimmt er etwa ein Drittel des Jahreseinkommens des Vermittelten. Um die Kandidaten zu finden, gibt es drei Wege: die eigene Datenbank, Leute, die sich verändern möchten, und andere, die jemand Geeigneten kennen. Thorborg, der beherrscht, verbindlich, aber nicht schulterklopfend auftritt, nimmt sich die Freiheit, Kunden abzuweisen, die ihm unsympathisch sind. Übrigens gehört er zu den wenigen Männern im Wirtschaftsleben, die sich mit Geschmack kleiden, ohne ins Laute abzugleiten.

Der Einzelkämpfer, der nicht im Taunus, sondern in Frankfurt lebt, Vater zweier erwachsener Söhne und einer kleinen Tochter, will das in Jahren gewachsene Netz seiner Beziehungen demnächst auch noch anders nutzen. In einer neuen Firma namens „thorborgnet" will er junge Unternehmer mit erfahrenen Investoren zusammenbringen, einen Pool schaffen von Talenten und Ideen und für die Gründer die richtigen Kollegen suchen. Namhafte Partner wie Mark Wössner oder Jürgen Heraeus hat er schon gefunden.

Ein Leben mit so viel Arbeit und so ehrgeizigen Plänen fordert hohes Tempo. Dabei hilft dem Sportwagen-Freak sein Ferrari Maranello. Wenn er über dessen Motorengeräusch spricht, funkelt im Blick des eher bedacht wirkenden Heiner Thorborg jene jungenhafte Begeisterung, die nur die Leidenschaft gebiert.

Von Peter Lückemeier

Carl-Ludwig von Boehm-Bezing

Die Familie väterlicherseits kann er bis auf einen Pagen Friedrichs des Großen zurückführen, die mütterlicherseits bis zu Katharina von Bora, der Frau Martin Luthers: Vielleicht, so mutmaßt Carl-Ludwig von Boehm-Bezing, habe er von der preußischen Vorfahrenlinie das Strenge und Disziplinierte geerbt, von den sächsischen Ahnen der Mutter hingegen die Fähigkeit zur Diplomatie.

Beides sind Eigenschaften, ohne die der Sechzigjährige wohl nie Vorstandsmitglied der Deutschen Bank geworden wäre. Er erinnert sich noch genau an jenen Tag im August 1969, als er sich nach dem zweiten juristischen Staatsexamen bei der Deutschen Bank in Düsseldorf vorgestellt hat: ohne Ahnung vom Bankgeschäft, mit der festen Absicht, Karriere zu machen, aber noch nicht hoffen dürfend, dass sie einmal ganz oben enden werde. Die Düsseldorfer ließen den ehrgeizigen Juristen alle Abteilungen durchlaufen, auch am Schalter stand Boehm-Bezing damals. 1979 kam er in die Filiale Frankfurt. Seit 1990 ist er Vorstandsmitglied.

Dem Rhein-Main-Gebiet fühlt sich der stets elegant auftretende Manager, zu dessen Markenzeichen die Lesebrille gehört, mittlerweile eng verbunden. Seine Frau, Malerin, mit der er in Bad Soden lebt, schätzt die Mainmetropole als Kunststadt, wie er sagt. Seine beiden inzwischen erwachsenen Söhne haben in Königstein an der Bischof-Neumann-Schule Abitur gemacht. Boehm-Bezing selbst engagiert sich in zahlreichen kulturellen und wohltätigen Organisationen: Unter anderem ist der Musik-Liebhaber (vor allem Bach und Beethoven), der selbst zu seinem Bedauern kein Instrument spielt, Vorsitzender des Vereins der Frankfurter Bachkonzerte, des Verwaltungsausschusses des freien deutschen Hochstifts und des Vereins der Freunde der Bachwoche Ansbach. Sein „wenig schmeichelhaftes" Golf-Handicap hofft er nach seiner Pensionierung (laut Vertrag 2002) verbessern zu können.

Einer der schönsten Tage seiner beruflichen Laufbahn sei der 13. Januar 1994 gewesen: Nach langen Verhandlungen im großen Saal des „Frankfurter Hofs" konnte er mit Kajo Neukirchen das Sanierungskonzept für die Metallgesellschaft vorstellen – nachdem am Morgen noch unklar war, ob sich die Vertreter von 70 Gläubiger-Banken auf einen gemeinsamen Plan zum Forderungsverzicht würden einigen können.

Eine ähnliche Situation habe auch zum schwärzesten Tag seiner Laufbahn geführt: Als Ende 1999 bekannt wurde, wie dramatisch der Verlust bei Philipp Holzmann war und ein Sanierungskonzept diesmal nicht durchzusetzen war, sei der Druck nur schwer auszuhalten gewesen, erinnert sich der damalige Aufsichtsratschef. Aus heutiger Sicht sei es ein Fehler gewesen, als Vertreter eines der Hauptgläubiger das Amt des Aufsichtsratsvorsitzenden überhaupt zu übernehmen. Die Berichte damals in den Medien hätten ihn schon sehr verletzt. Aber als Vorstand zurückzutreten – das habe er nie überlegt: „Zu kneifen hätte nicht zu unserer preußischen Familien-Tradition gepasst." So kommt ihm auch keine Klage über seine künftige Rolle bei der Deutschen Bank über die Lippen – obwohl böse Zungen behaupten, Boehm-Bezing werde in der neuen Hierarchie nur noch „Vorstand zweiter Klasse" sein. „Mein Ressort ist groß genug", sagt er bestimmt. „Das reicht mir."

Von Christian Siedenbiedel

Silvia Bovenschen

„Etwas hat uns für einen kurzen Moment erstarren lassen: ein Geruch, ein Zeichen, eine Bewegung, ein Wort, ein Bild, ein Ton ..." Es kann das Knirschen des verstreuten Zuckers auf dem Küchenboden sein oder das Quietschen der Kreide auf der Schultafel, für manche aber auch der von Tucholsky entlehnte Satz „Hier können Sie die Seele baumeln lassen." Mit dem Phänomen solch mehr oder weniger absurder Abneigungen und deren Begriffsgeschichte setzt sich Silvia Bovenschen in ihrem jüngst bei Suhrkamp erschienenen Buch „Über-Empfindlichkeit – Spielformen der Idiosynkrasie" auseinander. Ihre ebenso gelehrten wie unterhaltsamen Essays geben nicht nur einen vergnüglichen „Vortrag über den Schweizer als Verbrecher" wieder, sondern auch die geistreichen „idiosynkratischen Kunstreden" – unter der Überschrift „Können Sie mir mal erklären, was das bedeuten soll?" Und sie erzählt, dass Adorno das Wort „Persönlichkeit" zuwider war, dass Magritte Pfadfinder und den Geruch von Öl hasste oder dass Lichtenberg den Begriff „unvergleichlich" erbärmlich fand und das Wort „Schlappherzigkeit" kreierte.

Was Autorität bedeutet, hat Silvia Bovenschen, in Oberbayern geboren, früh im Leben erfahren: In München, wo sie zunächst aufwuchs, flößte sie, ständig begleitet von ihrem Schäferhund Prinz, allen anderen Kindern den größten Respekt ein. Als die Familie nach Hannover zog, war das Kind plötzlich ohne Hund – und spürte den Autoritätsmangel deutlich.

In Frankfurt lebt Silvia Bovenschen nun seit 43 Jahren. Ihren ersten Kontakt zur Universität hatte sie als theaterbesessene siebzehnjährige Schülerin, die bei der studentischen „Neuen Bühne“ landete. Dienstag und Donnerstag gingen alle zu Adorno, eines Tages ging Silvia Bovenschen mit, verstand aber in der Vorlesung nichts außer „und“ und „aber“. Gleichwohl war sie fasziniert: Nach dem Abitur studierte sie Philosophie, Soziologie und Germanistik. Dankbar erinnert sie sich an Adorno, von dem sie sich „ohne Vatermord“ habe lösen können, um einen eigenen Spielraum zu gewinnen. Der Studentenbewegung schloss sie sich damals sofort an. Die erste Zeit habe ihr gut gefallen, sagt sie, nicht aber die spätere Entwicklung hin zu Stalinismus und Terrorismus. Und was 68 angehe, sei sie in der Rückschau sowohl gegen Mystifikation wie Denunziation.

Nach dem zweiten Staatsexamen folgte die literaturwissenschaftliche Dissertation, „Die imaginierte Weiblichkeit – exemplarische Untersuchungen zu kulturgeschichtlichen und literarischen Präsentationsformen des Weiblichen“, die bei Suhrkamp veröffentlicht wurde. 20 Jahre war sie wissenschaftliche Mitarbeiterin am Institut für Deutsche Sprache und Literatur II der Goethe-Universität. Dass sie auf eine Karriere nach üblichen Maßstäben verzichten musste, hängt mit einer schweren chronischen Erkrankung zusammen.

Beim Ingeborg-Bachmann-Preis wirkte sie in der Jury mit, und 2000 erhielt sie selbst zwei Preise: Den Johann-Heinrich-Merck-Preis für Essayistik und den „Roswitha“-Preis der Stadt Gandersheim für ihr Buch „Schlimmer machen, schlimmer lachen“, das nach Meinung der Jury mit literarischen Mitteln gegen die Erstarrung des öffentlichen Diskurses anschreibt.

Von Konstanze Crüwell

Barbara Siehl

Das kann schon mal passieren, dass ein Rauhaardackel ins Studio spaziert und im Licht der Scheinwerfer vor lauter Aufregung sein Beinchen hebt. Kein Problem für Barbara Siehl. Die Moderatorin von „Herrchen gesucht“ streichelt ihm über den Kopf und sagt beruhigend: „Na, du bist ein ganz Lieber.“

Siehl ist eine Meisterin im Meistern von unvorhergesehenen Situationen. So wie sie ohnehin eine Meisterin im Moderieren ist, keine, die unentwegt auf Karteikarten starrt, um nicht aus dem Konzept zu geraten. Sie redet, will man in der Tiersprache bleiben, wie ihr der Schnabel gewachsen ist.

Und das nicht nur „auf Sendung“. Auch wenn sie durch die Kantine des Senders geht, wenn sie mit Kollegen plaudert, wenn sie aus ihrem Leben erzählt – nichts an Siehl ist gekünstelt. Ein Naturtalent. „Ich rede gerne mit Gott und der Welt und bin wahnsinnig neugierig“, erklärt sie es selbst. Die Spannung, die sie vor jeder Moderation spürt, vergleicht sie mit einem Besuch bei Freunden. „Die Vorfreude, wenn man vor der Tür steht und auf den Klingelknopf drückt, die muss man spüren.“

Zum Hessischen Rundfunk (HR) ist sie vor fast 40 Jahren durch Zufall gekommen. Eigentlich wollte sie, nach dem Abitur in Offenbach, Dolmetscherin werden. Ein Freund ihrer Eltern brachte sie auf die Idee, ein Volontariat bei dem Frankfurter Sender zu machen. Der Zufall bestimmte den weiteren Verlauf ihrer Karriere. „Ich bin eigentlich nicht ehrgeizig“, sagt sie ganz ohne Koketterie, „ich habe nie ‚Hallo' gerufen, wenn die Jobs verteilt wurden." Immer sei der Sender auf sie zugekommen. Und doch hat sie sich mit der Zeit zu einer „Allzweckwaffe" entwickelt, die bei den Zuschauern überaus populär ist und auch schon mal eingesetzt wird, wenn eine Sendung zu floppen droht.

Vieles hat sie schon moderiert, unter anderem die „Hessenschau", immerhin 27 Jahre lang, und das „Stadtgespräch". Und doch wird sie auf der Straße immer nur auf eines angesprochen: „Herrchen gesucht". Seit fast 25 Jahren vermittelt sie herrenlose Tiere. Ihre Popularität freut sie einerseits, dass es aber Menschen gibt, die bei ihr zu Hause anrufen, weil sie auf der Suche nach einem Hund sind, „der aber bitte nicht älter als sechs Jahre sein sollte und sich auch mit meiner Katze vertragen muss", irritiert sie schon. „Ich bin keine Tiervermittlerin, ich bin in erster Linie Journalistin."

Auch eine Tiernärrin sei sie nicht gewesen, als sie mit der Sendung begonnen habe. „Als Kind besaß ich nur einen Wellensittich." Das hat sich geändert. Gemeinsam mit ihrem Mann, einem Hund und mehreren Katzen lebt sie in einem umgebauten Bauernhof in der Nähe von Wiesbaden.

Seit Oktober vergangenen Jahres präsentiert sie jeden Freitag „Tier und Talk". In diesem Jahr wird sie 60 Jahre alt und hat beim HR mit kurzer Unterbrechung immer als „Freie" gearbeitet, um dem Redakteursalltag zu entgehen. „Ich bin eine Kurzstreckenläuferin. Ich starte, leiste in kürzester Zeit sehr viel und freue mich dann, nach Hause fahren zu können."

Von Anke Schipp

Esther Gebhardt

Was ein Christ ist? Esther Gebhardt antwortet knapp mit einem Bild: „Ein Christ ist ein Mensch mit dem Kopf über den Wolken und Füßen, die fest auf der Erde stehen." Welche Fähigkeiten die Vorstandsvorsitzende des evangelischen Regionalverbands Frankfurt haben muss? Dieselben wie der Christ im Allgemeinen sagt Gebhardt – visionäre Weitsicht und Realitätssinn gleichermaßen.

61 Kirchengemeinden gehören zum Regionalverband. Er übernimmt für sie Aufgaben in der Verwaltung, Bildungsarbeit oder Diakonie. Seit mehr als zehn Jahren steht Gebhardt dieser Dachorganisation vor. Allzu viele Visionen konnte sie nicht verwirklichen, Hoffnungen wurden enttäuscht. Zu wenig Geld gibt es und zu viele Debatten um notwendig gewordene Umstrukturierungen und Reduzierungen, Zusammenlegungen von Gemeinden, Umnutzungen von Kirchengebäuden. Gebhardt könnte sich in ihrer Kirche Besseres vorstellen, als diesen „mühsamen Prozess zu managen, der noch nicht abgeschlossen ist", aber sie ist nüchtern genug, um sich und anderen immer wieder zu sagen: „Wir können uns eine schönere Zukunft nicht erträumen, sondern müssen von den Fakten ausgehen." Unangenehme Entscheidungen gehören dazu, und eines wusste die zupackende Pfarrerin schon bald nach ihrem Amtsantritt: „Ich muss auf den Anspruch verzichten, von allen geliebt zu werden."

Wünsche hat sie trotzdem: zielgruppenorientiertere Gottesdienste zum Beispiel. „Mit speziellen Angeboten sollte es für die Menschen in Frankfurt mehr Auswahlmöglichkeiten geben." Und: Notwendige Entscheidungen über Strukturen und Finanzen sollten schneller getroffen werden, um Kräfte für andere Aufgaben freizusetzen. „Ich bin ein ungeduldiger Mensch", sagt Gebhardt, die natürlich weiß, dass sie ohne Überzeugungsarbeit bei Gemeindemitgliedern nichts erreichen kann. Sie will es auch gar nicht: „Schließlich ist die Kirche nicht irgendein Unternehmen, in dem Veränderungen nur von wenigen beschlossen werden."

Von ihrer Kirche wünscht sich Gebhardt, dass sie in der Gesellschaft „Themen besetzt" und an ihnen deutlich macht, was Christsein heute bedeutet – zumal in der „Auseinandersetzung mit Brüchen im Leben" wie Tod, Krankheit und Leid, aber auch in Diskussionen um das Menschenbild oder um Moral und Ökonomie. Christliche Überzeugungen und deren gesellschaftliche Relevanz: Das beschäftigt Gebhardt schon seit ihrer Jugendzeit in der Fechenheimer Kirchengemeinde – hierhin war sie 1960 als Fünfjährige mit ihren Eltern von Ost-Berlin gekommen – und ihrem Theologiestudium. Ihre politische Heimat fand sie bei den Fechenheimer Jusos, in deren Vorstand sie auch gewählt wurde. Dieses Amt gab sie ab, als sie 1982 zur Pfarrerin der Eckenheimer Nazareth-Gemeinde ordiniert wurde.

Für ihre heutige Arbeit als Managerin aller evangelischen Gemeinden Frankfurts hat Gebhardt noch ein anderes Bild als das des Ausgespanntseins zwischen Visionen und harter Realität parat: Ihre Tätigkeit ähnele der Arbeit eines Innenarchitekten, eines Berufs, den sie schon immer interessant finde. Wie ein Innenarchitekt gerne für eine ruhige innere Ordnung in Räumen sorge, habe sie Spaß an ihrer Arbeit und wolle sich um die Entwicklung zu innerer Harmonie im Regionalverband kümmern, die neue Freiräume schaffe. Ein bloßer Traum in dieser für die Kirche nicht einfachen Zeit? Vielleicht. Doch Gebhardt ist Realistin genug, um zu wissen, dass eine Kirche ohne Visionen und ohne die Botschaft der Hoffnung keine Kirche ist.

Von Stefan Toepfer

Peter Steinacker

Was der Fußballspieler Peter Steinacker auf dem Spielplatz nicht darf, muss der Kirchenpräsident Peter Steinacker in seiner Landeskirche laufend tun: mehrere Positionen besetzen. In der evangelischen Kirche in Hessen und Nassau Mitspieler, Trainer und Schiedsrichter in einer Person zu sein, heißt für den gebürtigen Frankfurter einerseits, Grenzen zu akzeptieren – ein Kirchenpräsident ist nicht allmächtig –, andererseits den unbedingten Willen zu haben, Kirche zu gestalten und bei Regelverstößen einzugreifen.

Zuletzt musste er dies tun im Streit um das „Feierabendmahl", eine besondere Gottesdienstform, die traditionell an Kirchentagen gefeiert wird, wie gestern in Frankfurt. Ein Gremium hatte vorgeschlagen, die Worte, mit denen Jesus das Abendmahl eingesetzt hatte, frei zu übersetzen – worüber Steinacker nur den Kopf schütteln kann: „Ich habe große Angst vor einer theologievergessenen Kirche, da eine solche Kirche in der Gefahr ist, ihr Wesen zu verlieren."

Steinacker ist Theologe aus Leidenschaft, und er stellt sich heftigen Auseinandersetzungen – auch wenn man in dem Mann mit der bedächtigen Stimme nicht sofort eine starke Kämpfernatur vermutet. An der Theologie fasziniert ihn, der sich „gerne an Gedanken wärmt", zweierlei: dass sie Raum gibt, zu tiefem Nachdenken und zugleich „Leben deuten und gestalten will".

Hier ähnele der Glaube der Kunst, etwa der Musik, sagt Steinacker, der sich schon als Student bei Theodor W. Adorno für das Verhältnis der Theologie zur

Ästhetik interessiert hat. Wie der „denkende Glaube", so sei auch ein Musikstück ein rationales Gebilde, stecke aber voller Leben – zum Beispiel in Werken Richard Wagners, mit dem sich Steinacker schon seit 30 Jahren beschäftigt. „Ein echter Wagnerianer bin ich aber nicht", schränkt er ein. Und verlegen um deutliche Worte ist er auch diesmal nicht: „Wenn Wagner religiös wird, ist er entsetzlich." Weil eine Beschäftigung als wissenschaftlicher Mitarbeiter an der Marburger Universität nach der Promotion finanziell nicht gesichert war, war Steinacker von 1975 bis 1985 an der Gesamthochschule in Wuppertal tätig und danach bis 1993, als er zum Kirchenpräsidenten gewählt wurde, Pfarrer in Wuppertal-Unterbarmen. 1980 habilitierte er sich in Marburg und ist dort seit 1986 Honorarprofessor für systematische Theologie.

Dass man als Christ Stellung zu politischen Vorgängen nehmen muss, ist für Steinacker selbstverständlich. Und so äußert sich der Sozialdemokrat – dessen Parteimitgliedschaft seit der Wahl zum Kirchenpräsidenten ruht – zu vielen Fragen. Wichtiger aber als alle Beiträge zu einzelnen Themen sind Steinacker zwei „Kategorien", die die Kirche der Gesellschaft in Erinnerung bringen müsse: Es gebe kein Leben ohne Schuld und keines ohne Erbarmen. „Eine Gesellschaft verliert ihre Substanz, wenn sie die Notwendigkeit von Erlösung vergisst und sich mit dem begnügt, was ist." – Ein Satz, der viel mit dem Leben einer Gesellschaft, aber auch dem Leben Einzelner zu tun hat, nicht obwohl, sondern weil er gesagt wird von einem Theologen, der seine Profession ernst nimmt.

Von Stefan Toepfer

Carlo Giersch

Was bringt einen vielfachen Millionär dazu, sich nicht auf eine Yacht im Mittelmeer oder eine Villa im Tessin zurückzuziehen? Warum arbeitet er auch mit 64 Jahren noch täglich, warum hat er der Stadt ein Museum geschenkt, warum unterstützt er mit nicht geringen Mitteln die Universität Darmstadt? Carlo Giersch sagt in seiner unaufgeregten Art: „Ich sehe eine gewisse Verpflichtung, die Gesellschaft an meinem Erfolg partizipieren zu lassen." Das schöne, lichte Haus am Schaumainkai mit Bildern von Malern aus der Region, vor allem der Kronberger Schule, hat er der Stadt geschenkt, weil er eine Lücke schließen wollte: „Die großen Museen können sich nicht um die regionalen Künstler kümmern." Zugleich gibt der Mäzen zu, dass er von Eitelkeit nicht ganz frei ist, indem er Macchiavelli zitiert: „Der Mensch hört nichts lieber als Lob und seinen Namen."

Carlo Giersch ist ein Selfmademan. Der Sohn eines Sachsenhäuser Gärtnermeisters machte eine Lehre beim Elektrogroßhändler Spoerle, ging nach Amerika, entdeckte die Elektronik, kehrte heim, gründete mit seinem Chef Spoerle Electronic in Dreieich. Es begann ein unspektakulärer stetiger Aufschwung, Giersch stand nicht in der Zeitung, hielt keine Vorträge, wurde nicht „Unternehmer des Jahres", sein erstes Haus hatte 99 Quadratmeter – alle Gewinne wurden in die Firma gesteckt. Das Unternehmen, das er Mitte der achtziger Jahre komplett übernommen hatte, macht heute einen Umsatz von über zwei Milliarden Mark, das Haus, das er heute bewohnt, gehörte früher dem Grafen Galen. Gab es ein Erfolgsrezept? „Ich war beharrlich und gerecht", sagt Giersch. Seine Mitarbeiter sollten Freude an der Arbeit haben. Als Folge tendierte die Fluktuation gegen null. Giersch hat sein Unternehmen inzwischen an Arrow Inc. in New York verkauft, hat im Aufsichtsrat aber einen Blick auf die Geschäfte – und aufs Soziale: Er sorgt schon einmal dafür, dass einem bewährten Mitarbeiter aus dem Lager nicht gekündigt wird.

Zur Beschäftigung mit der Malerei („Ich bin Liebhaber, nicht Experte") kam Giersch auf Umwegen. Zunächst waren die vielen Büros in seiner Firma auszustatten, was mit Lithografien von Kokoschka oder Chagall geschah. Als seine Frau Karin, mit der er seit 1963 verheiratet ist, sagte: „Jetzt kauf' doch mal richtige Bilder", beschäftigte er sich mit der regionalen Malerei des 19. Jahrhunderts. Daraus ist eine veritable Sammlung geworden, die sein Museum präsentiert, auch während des jährlich im August stattfindenden Museumsuferfestes. Getragen wird das Haus von einer 1993 gegründeten Stiftung.

Schon zwei Jahre zuvor hatte das Ehepaar eine andere Stiftung gegründet: Der Senator ehrenhalber unterstützt damit die Universität Darmstadt, auch dies mit dem Blick des Mittelständlers für das Nötige und Praktikable. Unter anderem hat er in Darmstadt ein Gebäude erworben, in dem junge Firmengründer preiswert Räume mieten können.

Giersch ist nicht nur Mitglied von sieben Aufsichtsräten, darunter Arrow und Frankfurter Volksbank, er engagiert sich auch für die Kinderhilfe- und Sportstiftung, für die IHK in Offenbach oder das Städel. Freunde beschreiben ihn als zuverlässig und redlich. Er selbst, der reiche Mann, sagt erstaunliche Sachen: „Wer bei der Arbeit ans Geldverdienen denkt, wird nie erfolgreich sein."

Von Peter Lückemeier

Salomon Korn

Man mag es für einen Zufall halten oder nicht: 40 Jahre waren die Israeliten nach ihrer Befreiung aus der Sklaverei in Ägypten unterwegs durch die Wüste ins Gelobte Land. 40 Jahre nach Kriegsende haben Juden in Frankfurt dokumentiert, dass sie in der Stadt „angekommen" sind – und Salomon Korn hat daran wesentlichen Anteil. Denn er hat das jüdische Gemeindezentrum im Westend entworfen. „Wer ein Haus baut, will bleiben", hatte der Architekt und heutige Vorsitzende der jüdischen Gemeinde bei der Eröffnung 1986 gesagt. Sie markierte zusammen mit dem Protest gegen antisemitische Tendenzen im Fassbinder-Stück „Der Müll, die Stadt und der Tod" 1985 und dem Streit um die Bebauung des Börneplatzes 1987 einen Wendepunkt in der Geschichte der jüdischen Gemeinde – und in der von Salomon Korn. Denn auch wer sich öffentlich einmischt, zeigt, dass er bleiben will.

Deutlich hatte sich Korn damals zum Bau eines Mahnmals am Börneplatz – dort waren bei Ausschachtungsarbeiten für das neue Stadtwerke-Gebäude Reste des alten jüdischen Ghettos entdeckt worden – zu Wort gemeldet. Dass er ein Mann geblieben ist, der Auseinandersetzungen nicht aus dem Weg geht und klare Positionen beziehen will, beweist unter anderem seine Kritik an Martin Walser. Ihm wirft Korn vor, das Gewissen aus einer neuheidnischen Weltanschauung heraus zu privatisieren und damit beliebig zu machen – und damit das Umfeld zu stärken, von dem Rechtsextremisten sich getragen oder bestätigt fühlten.

Harmoniesucht ist Korns Sache nicht. „Nur die Auseinandersetzung bringt uns weiter", sagt er. Weiter auf dem „Weg vom Juden in Deutschland zum deutschen Juden, auf dem wir uns im Moment befinden". Normal am jüdischen Leben in Deutschland ist für Korn noch immer dessen Anomalie, die erst in der vierten Nachkriegsgeneration überwunden werden könne, 100 Jahre also nach dem Ende des Nationalsozialismus. Er sagt dies nicht klagend, sondern nüchtern, analytisch. Mit dieser Haltung sieht sich Korn, 1943 in Lublin geboren, als typischer Vertreter seiner Generation, der „Verwalter-Generation", welche die „gewisse Ungeduld der Erlebnis-Generation" hinsichtlich des Wiederaufbaus jüdischen Lebens in Deutschland nicht kenne. Nach Frankfurt kam er als Vierjähriger, zusammen mit seiner Familie war er in einem Lager für „Displaced Persons" in Zeilsheim gelandet. Eigentlich wollten die Korns nicht in Deutschland bleiben, aber es kam anders. Der Vater errichtete in Frankfurt erfolgreich Immobilien, die sein Sohn heute verwaltet. Mehr Zeit als für seinen Beruf wendet Korn aber für seine vielen Ehrenämter auf. So arbeitet er etwa bei der Gestaltung des Denkmals für die ermordeten Juden Europas in Berlin mit, gehört zum Präsidium des Zentralrats der Juden in Deutschland. Auch sein weithin beachtetes publizistisches Wirken zeigt, dass die Meinung eines der exponiertesten Vertreter des deutschen Judentums gefragt ist.

Die jüdische Gemeinde Frankfurt leitet Korn seit 1999. Verantwortlich ist er zudem für die Liegenschaften und den Kultus. An ihm liegt dem Vorsitzenden viel, „denn eine Gemeinschaft braucht gemeinsame Symbole und Handlungen". Und sich nicht als Teil einer Gemeinschaft zu fühlen, ist für Korn schlechterdings unmöglich. Erst in ihr werde der Mensch zum Menschen, fasst er eine jahrtausendealte Weisheit seiner Religion zusammen. Eine andere hat er zu seinem Motto gemacht: „Alles ist eitel und Haschen nach dem Wind", ein Satz des biblischen Predigers Salomo. „Er trifft besonders auf diejenigen zu, die nur für sich leben: Hedonisten und Egoisten sind arme Wesen."

Von Stefan Toepfer

Bruder Paulus

Wieder ein neues Projekt. Diesmal ist es eine Talkshow im Nachrichtensender N 24. „Ethics“ soll sie heißen, um ethische Überzeugungen von Wirtschaftsführern soll es gehen. Da ist Bruder Paulus der richtige Interviewer: Er steht als Kirchenmann für eine Institution, die Orientierung geben will, und er ist medientauglich: markant, humorvoll, spontan. Dem Kapuziner aus dem Liebfrauenkloster sind Fernsehauftritte nicht fremd, Talkshows zumal. Wegen seiner unkomplizierten Art, von Gott und der Welt zu sprechen, war er etwa schon Gast bei Harald Schmidt und in Benjamin von Stuckrad-Barres „MTV-Lesezirkel“. Außerdem gehört Bruder Paulus zu den Moderatoren der Verkündigungssendung „So gesehen“ auf Sat.1. Er genießt die Medienpräsenz. „Ich habe Lust an Öffentlichkeit“, sagt der Ordensmann unumwunden, auch seinen Kritikern (und Neidern), die ihm bisweilen vorwerfen, sich ständig in den Mittelpunkt zu stellen.

Im Zentrum seines Lebens steht der Glauben, und die Medien sind für ihn gerade deswegen kein Teufelszeug, sondern ein „Gottesgeschenk“. Sie machen es möglich, vor einem breiten Publikum von Gott zu sprechen. Kaum war Bruder Paulus vor drei Jahren nach Frankfurt gekommen und Guardian (Leiter) der Kapuziner-Kommunität geworden, hat er eine Liebfrauen-Homepage eingerichtet. Täglich kommentiert er dort beispielsweise die Schlagzeile der „Bild“-Zeitung, „denn schließlich wird dem Glaubenden alles zum Zeichen“.

Inzwischen hat er eine eigene Website, präsentiert sich und seine Arbeit unter www.bruder-paulus.de.

So wie der 1959 im münsterländischen Stadtlohn geborene Ordensmann sich und seine Arbeit sieht, ist auch sein Bild von der Kirche: Selbstbewusst und unbefangen „kann und soll sie auf dem Marktplatz" präsent sein. Dieses Bild verwendet er nicht von ungefähr: Als Kind hat Bruder Paulus seinen Vater, einen Obst- und Gemüsehändler, oft auf den Markt begleitet. Soviel er dort vom Vater gelernt hat, so hart war der Bruch mit ihm, als klar wurde, dass der Sohn das Geschäft nicht übernehmen, sondern Abitur machen und Kapuziner werden wollte. 17 Jahre alt war er damals. Frankfurt ist nach dem Noviziat in Worms, dem Theologiestudium in Münster, Kaplansjahren in Offenburg, der Arbeit im Kloster Stühlingen und in einer neuen Niederlassung in Gera, die er mit aufbaute, die sechste Station für Bruder Paulus. Dass sein „impulsives und manchmal chaotisches" Naturell hin und wieder in Spannung zum Amt des Guardians geraten kann, weiß er. Auch, dass dieses Amt seine wichtigste Aufgabe und er zuerst seinen acht Mitbrüdern verpflichtet ist.

So froh Bruder Paulus über seinen Orden ist, der „großen Respekt vor dem Charisma des Einzelnen hat" –, sein Hauptberuf begrenzt sein Engagement außerhalb des Klosters. Manchmal aber muss er selbst Grenzen setzen, beispielsweise, als er gefragt wurde, ob er auf einem Wagen bei der Love-Parade in Berlin ein lesbisches Paar segnen wolle. Spätestens da hört der Spaß an Öffentlichkeit auf. Denn bei allem Talent zur (Selbst-)Inszenierung: Auf dem Marktplatz der Welt will und kann Bruder Paulus mehr sein als „der bunte Vogel aus der Kirche", als den ihn manche Medienmacher sehen. Dazu ist es ihm zu ernst mit Gott, dem Glauben, der christlichen Tat. „Schließlich bin ich Missionar", sagt er knapp und so selbstverständlich, wie es von Kirchenleuten heute nicht mehr oft zu hören ist.

Von Stefan Toepfer

Günter Berg

Die Frage nach seiner Biografie scheint Günter Berg zu überraschen: Daran habe er sich schon lange nicht mehr erinnert, sagt er, schließlich werde ein Mensch doch immer als das gesehen, was er gerade sei. Was er also gerade ist: Verlagsleiter von Suhrkamp/Insel. Ein schlanker Mann mit Lausbuben-Charme. Einem Ohrstecker, links, und Pianistenhänden. Mit einer Frau, die tageweise auswärts, in Hamburg, arbeitet, und einer sechseinhalb Jahre alten Tochter, die er morgens mit ihrem Freund Jakob zur Schule schickt.

Was er war: einer, der 1959 in Salmünster geboren wurde. Der immer gern in Frankfurt studieren wollte, den es wegen des Numerus clausus aber nach Marburg an der Lahn verschlug. Dort schrieb er sich für Germanistik ein, dazu noch für Politik und Philosophie. Berg begann „bei allen Anfängen" und arbeitete sich gründlich durch die Literatur. Er las Marx, Flaubert, und er weiß, „wie Thomas Mann geht". Von der Zeit im „Biotop Marburg", jener Zeit „der verlängerten Unschuld" – „Wir waren gestresst nur vom Denken" –, profitiere er noch heute, sagt Berg.

Im Lebensraum Universität sah Berg damals auch seine Zukunft. Doch die Doktorarbeit blieb unvollendet: Bei den Büchern in Bergs Haushalt handelte es sich schon immer „signifikant häufig" um solche von Suhrkamp, dann begegnete Berg dem Suhrkamp-Verleger selbst, Siegfried Unseld. Unseld wollte Berg aus Karlsruhe, wo dieser für die Promotion mit einer Edition der Brecht-

Lyrik beschäftigt war, in sein Verlagshaus an der Frankfurter Lindenstraße holen. Berg sollte Unseld helfen, das ehemals deutsch-deutsche Projekt einer Brecht-Gesamtausgabe in Schwung zu bringen: Dieses nämlich lag brach, weil der ostdeutsche Partner – Aufbau in Berlin – mit der Wende zunächst ebenfalls brachlag. Das ganze Gewicht der Ausgabe habe damit auf den Schultern des westdeutschen Partners Suhrkamp gelastet, hebt Berg hervor.

Zwar habe Unseld „großen Eindruck" auf ihn gemacht, erinnert sich Berg, dennoch habe er sich nicht gleich zu Suhrkamp locken lassen. Unseld sei so ein „Ganz oder gar nicht"-Mensch: Und „ganz" sei zunächst nicht möglich gewesen: „Ich musste doch Professor werden." Schließlich aber gewannen Unseld und sein Verlag. 1990 ging Berg doch „ganz" zu Suhrkamp. Seit rund anderthalb Jahren ist der frühere Geschäftsführer für Taschenbuch und Marketing Verlagsleiter, und damit sei er „mehr als froh". Noch nie in seinem Leben habe er so viel gearbeitet, aber auch noch nie so gerne: Als einen Arbeiter, der „final strukturiert" ist, sieht er sich, als einen, der weiß, welches Ergebnis er bei einem Projekt sehen will, und dann darauf hinarbeitet. Und Berg fügt hinzu: Sein Projekt sei Suhrkamp/Insel.

Dass das Verlagshaus in Frankfurt ansässig ist, habe ihn überhaupt nicht gestört. Er möge diese Stadt – für einen Nicht-Frankfurter durchaus ein bemerkenswertes Detail. In den zwölf Jahren sei er zum „überzeugten Frankfurter" geworden. Er mag es, in der Stadt „Hochhäuser, Fachwerkhäuser und Plattenbauten" nebeneinander zu sehen. „Das widerstrebt mir gar nicht", stellt er fest – und dass er „ganz einverstanden" sei mit diesem „globalisierungsresistenten" Frankfurt und seinen Bewohnern.

Von Andrea Schneider

Ernst Welteke

Beim Blick aus seinem Büro scheint ihm ganz Frankfurt zu Füßen zu liegen. „Alles meine Banken", sagt der Präsident der Bundesbank, und es schwingt Ironie mit, doch durchaus auch ein bisschen Stolz und Zufriedenheit. Aber Ernst Welteke, seit einigen Jahren Wahl-Frankfurter mit Wohnung in Sachsenhausen, hat die Bodenständigkeit nicht verloren. Soll er Aufgaben der Bundesbank-Filialen aufzeigen, wählt er als Beispiel die nordhessische Stadt Korbach, wo er vor fast 60 Jahren geboren wurde. Selbst die Struktur der Bundesbank und die von ihm geforderten Reformen erläutert er in einer leichtverständlichen Form. Dieses Können und sein rhetorisches Talent haben dem Sozialdemokraten nicht unwesentlich zu seiner Karriere verholfen. Ob jeder in seinem jetzigen Umfeld der internationalen Großbanken diese Stärken goutiert, sei dahingestellt.

Der einstige Landmaschinenmechaniker, der sich bereits mit 17 Jahren in der Gewerkschaft organisierte, machte auf dem zweiten Bildungsweg Abitur, studierte anschließend Volkswirtschaft. Sein Berufsleben widmete er der Politik. Anfangs Mitarbeiter im Büro des damaligen hessischen Ministerpräsidenten Albert Osswald zog er 1974 in den hessischen Landtag ein. Sechs Jahre stand er an der Spitze der SPD-Fraktion. 1991 wurde er Wirtschaftsminister im ersten Kabinett von Ministerpräsident Hans Eichel. Gegen seinen Willen wechselte er nach der Lotto-Affäre 1994 in das Finanzressort. Eine Entscheidung, die ihm aber den Weg ebnen sollte – erst zum Präsidenten der Landeszentralbank in Hessen, 1999 an die Spitze der Bundesbank.

Er selbst spricht von Zufälligkeiten – „da gehört auch Glück dazu". Er habe nie eine Karriereplanung gehabt. Allerdings habe er sich auch mehrfach von seiner Partei in die Pflicht nehmen lassen, sagt er und macht deutlich, dass rückwirkend seine Karriere stringenter wirkt, als sie war, er nicht immer das Glückskind war. Beispielsweise 1995, als er, auch aus Rücksicht auf seine Familie in Oberursel, von der er sich gerade getrennt hatte, nicht mehr in seinem Heimatwahlkreis für den Landtag kandidierte.

Heute verfolgt er angeblich die Wiesbadener Politik kaum noch. Sein Augenmerk sei auf die europäische Geldpolitik gerichtet. Auch Berlin stehe für ihn nicht im Mittelpunkt. Mit Hans Eichel, heute Bundesfinanzminister, habe er Kontakt, weil dieser mit ihm an den G-7- und G-10-Konferenzen teilnehme. Mit ihm bespreche er gerne Fachliches; Eichel und Welteke hatten immer ein gutes Einvernehmen. Bei Sitzungen des Internationalen Währungsfonds stößt er darüber hinaus auf die frühere Südhessen-Chefin der SPD, Heidemarie Wieczorek-Zeul. Eine Zusammenkunft, die allerdings weniger herzlich ausfallen dürfte.

Nein, der Posten des Bundesbankpräsidenten habe ihn nicht verändert, betont Welteke. Auch nicht in seinen Anschauungen. Er sei nicht erst als Notenbanker auf die Idee gekommen, dass die öffentliche Verschuldung reduziert werden müsse. Bereits in Wiesbaden sei er als Geizhals verschrien gewesen. Und von Konjunkturprogrammen habe er damals wie heute nichts gehalten, sagt er, und es klingt Stolz durch, dass er seinen politischen Grundsätzen – zumindest den maßgeblichsten – und damit sich selbst seit Jahren treu geblieben ist.

Von Mechthild Harting

Hubert Buchberger

Auch wer nicht Tag für Tag in der Frankfurter Musikhochschule ein und aus geht, kennt diesen Mann – sofern er sich für die Tonkunst interessiert. Hubert Buchberger ist nicht nur Vizepräsident dieses renommierten Lehrinstituts und führt dort seit drei Jahren die Geschäfte, weil ein hauptamtlicher Präsident – nach den neuen Hochschulrichtlinien soll dies kein „Rektor" aus den eigenen Reihen sein – noch immer nicht gefunden wurde: Viel bekannter ist Buchberger als Primarius eines Streichquartetts, das seinen Namen trägt und seit 1974 existiert.

Diese Doppelfunktion als Pädagoge und ausübender Künstler ist typisch für den 1951 in Frankfurt geborenen Hochschulprofessor und auch Teil seines persönlichen Lebensplans. Buchberger, Ältestes von fünf Kindern, besuchte das Lessing-Gymnasium, dem er auch heute „gute musikalische Entfaltungsmöglichkeiten" bescheinigt. Sein Elternhaus beschreibt er als „musikalisch aufgeschlossen", doch spielte niemand ein klassisches Instrument. So erhielt er die erste Anregung in der Schule: Mit zwölf Jahren bekam Buchberger Lust auf das Schulorchester, und es war der Musiklehrer, der eines Tages den Vorschlag machte: „Spiel doch Geige." Für eine große Karriere fiel die Entscheidung reichlich spät, doch ein „kontinuierlich guter Unterricht" habe vieles wettgemacht. Dies stimmt Buchberger noch heute nachdenklich und beweist seiner Meinung nach, wie wichtig Musik in der Schule für die eigene Biografie sein kann: „Dass die Situation der Musikschulen verbessert werden muss, habe ich – wenn auch positiv – am eigenen Leib erfahren."

Studiert hat er in seiner Heimatstadt bei Heinz Stanske und Günter Weigmann: „Ich bin hier nie richtig weggekommen." Abends schafft Buchberger es immerhin bis ins benachbarte Bad Vilbel, wo er mit seiner Frau sowie den 19, 17 und 16 Jahre alten, Instrumente spielenden Töchtern lebt. Einmal allerdings hätte Buchberger Frankfurt beinahe den Rücken gekehrt. Das war Mitte der siebziger Jahre, als er und seine Mitstreiter sich vehement um die Professionalisierung ihres Quartettspiels bemühten und sich beim Wettbewerb für die Bundesauswahl junger Künstler beworben hatten. „Wenn es mit dem Quartett nicht klappt, gehe ich nach Amerika", lautete damals sein Entschluss. Natürlich wurde nichts daraus, weil es doch klappte, weil Buchberger außerdem heiratete und zwei Jahre später – Weigmann war inzwischen gestorben – einen Lehrauftrag an der Musikhochschule erhielt. Dem folgte 1988 eine Professur für Kammermusik, was die Quartettmitglieder nicht daran hinderte, quasi freiberuflich weiterzuarbeiten und bei jedem Wettbewerb, an dem sie teilnahmen, das Finale zu erreichen. Genau diese Doppelgleisigkeit war es, nach der Buchberger strebte: „eine glückliche Fügung".

1991 wurde Buchberger Prorektor der Musikhochschule, sieben Jahre später Dekan des Fachbereichs „Künstlerische Ausbildung", seit November 1999 ist er geschäftsführender Präsident dieses Instituts. Wer ihn aber regelmäßig im Konzertsaal erlebt, bemerkt sehr schnell, dass Buchbergers künstlerische Tätigkeit unter der Verwaltungslast keineswegs leidet.

Von Harald Budweg

Stefanie Zweig

Es war einmal ein kleines empfindsames Mädchen, das musste Hals über Kopf die guten Großeltern im gemütlichen Breslau verlassen und mit der Mutter ins ferne Afrika fahren. Dort, im Hochland von Kenia, schuftete der Vater, ein jüdischer später Flüchtling, auf einer kleinen Farm für einen strengen Boss, legte Maisfelder an und Brunnen. Sein armseliges Holzhaus hatte kein fließendes Wasser. Doch durch die Löcher im Dach konnte man die Sterne sehen, „wenn die Sonne hinter der Dornakazie vom Himmel gefallen war und alles in einen schwarzen Mantel gehüllt hatte". Wie diese wunderbare Ferne dem Kind im Laufe eines Jahrzehnts – bis zur Rückkehr der Familie nach Deutschland – zur heißgeliebten Heimat geworden ist, die Menschen und die Tiere, Geräusche, Düfte, Farben, haben inzwischen mehr als eine Million Zuschauer des Films „Nirgendwo in Afrika" mit bewegter Teilnahme erlebt. Und noch sehr viel mehr haben Stefanie Zweigs poetisch verschleierten autobiografischen Roman gleichen Titels gelesen.

Erst um 1995, als sie bereits mit einigen Büchern aufgefallen war, ist die Frankfurter Autorin „auf Safari" in ihre Kindheitserinnerungen gegangen. Bald darauf veröffentlichte sie – wieder bei Langen Müller – die Fortsetzung. „Irgendwo in Deutschland" berichtet autobiografisch vom Neubeginn der Familie im Frankfurt der frühen Nachkriegsjahre, wo die Lebensverhältnisse zwar ganz anders, doch ähnlich schwierig waren wie im „Nirgendwo". Auch dieser

Roman umreißt mit frischem Zugriff und hintergründigem Humor etwa ein Jahrzehnt bis zum Erwerb des Hauses Rothschildallee Nr. 9. Dort lebt Stefanie Zweig, geboren vor siebzig Jahren im oberschlesischen Leobschütz und mittlerweile eine vielgenannte, mit Preisen und einem Orden der Bundesrepublik ausgezeichnete Schriftstellerin, seit nun schon einem halben Jahrhundert. Frankfurt ist ihre Heimatstadt geworden; In Bornheim ist sie eine wohlbekannte Erscheinung. Die große Wohnung im dritten Stock ist voller Erinnerungsstücke und ihr einstiges Mädchenzimmer unverändert noch immer ihr ganz privates Reich. Geschrieben wird nur im kleinen Studio mit den vielen bunten Bänden ihrer inzwischen auf zehn Titel angewachsenen Produktion, darunter Bestseller und Ausgaben in mehreren Sprachen. Die Holländische für „Ein Mund voll Erde" wurde prämiert mit dem gläsernen Globus der Royal Dutch Geographic Company. Südkorea übernahm „Katze fürs Leben", eine amüsante Liebeserklärung an die schöne Siamesin „Sissi", die jedes Buch am Bildschirm observiert, während „Baby", ihre zierliche Tochter, als wachsamer Haushund agiert. Wehe dem, der ihr nicht sympathisch ist!

Stefanie Zweig hat als Journalistin angefangen, zuerst im Feuilleton der „Frankfurter Abendpost". Anschließend leitete sie das Kulturressort der „Abendpost-Nachtausgabe" bis zu deren Aufgabe. Bücher hat sie bereits während ihrer Redaktionstätigkeit veröffentlicht, gedacht zunächst für Jugendliche, wie ihr erstes Opus „Eltern sind auch Menschen". Die nie erloschene Liebe für das Land ihrer Kindheit – das sie nur kurzfristig zweimal wiedergesehen hat – findet sich als leidenschaftliches Plädoyer für Toleranz in „Der Traum vom Paradies" und „... doch die Träume blieben in Afrika". Gegenwärtig geht Stefanie Zweig „auf Safari" für die Fortsetzung des Romans „Karribu heißt willkommen" – eine sehnsüchtige Überwindung auch ihres derzeitigen Stubenarrestes, nachdem sie sich im Winter Arm und Bein gebrochen hatte. „Gute Besserung, Memsahib", würde Owver, der treue Hausboy, sagen.

Von Christa von Helmolt

Rupert von Plottnitz

Es war der „eigenartige Reiz der Ästhetik der Hässlichkeit", die Rupert von Plottnitz früh an Frankfurt gebunden hat. Dabei ist der Grünen-Politiker und einst in einem Bundesland erste Justizminister dieser Partei in seiner Jugend – „der Papa war ein Banker" – durchaus mit lieblicheren Landschaften in Kontakt gekommen, wie etwa dem Vordertaunus mit Bad Homburg und Königstein, wo er zur Schule ging. Doch selbst gegen die Studienorte Berlin und Grenoble konnte sich bei dem frankophilen Juristen die Mainstadt als Wahlheimat durchsetzen: „Ich fand die Stadt immer sehr urban." Und damals, erinnert er sich, sei die Bankenstadt noch „ohne jede Besänftigung" gewesen, keine Fußgängerzone, keine wiederaufgebaute Fachwerk-Ostzeile am Römerberg. Als Gegenpol habe Frankfurt „gut wahrnehmbar" für die kritische Theorie gestanden, habe die kritische Gesellschaft dominiert.

Heute, bedauert Plottnitz, seien nur noch die Bankentürme übriggeblieben, das theoretische, analytische Gegengewicht fehle. Der Jurist, der den intellektuellen Diskurs schätzt, mit seinen präzisen, oft ins Ironische deutenden Formulierungen glänzt, plädiert denn auch für eine Renaissance dieser Tradition, „das würde Frankfurt guttun". Er könnte sich eine Einrichtung wie die London School of Economics vorstellen, die die Kapitalismusdebatte theoretisch begleite.

Überlegungen, dass Berlin Frankfurt in seiner Bedeutung zurückdrängen könnte, hat Plottnitz nicht. Der Frankreich-Liebhaber weiß die föderale Struktur der Bundesrepublik viel zu sehr zu schätzen, Frankfurt werde allein aus wirtschaftlicher Sicht immer ein starkes Eigengewicht haben: „Die Bundesrepublik ist multipolar – das ist gut so." Und hebt mit Blick auf andere deutsche Städte noch hervor, dass für ihn zur Frankfurter Urbanität auch immer die Tatsache gehört habe, dass die Mainmetropole Zeitungsstadt ist. Für Plottnitz kommt denn auch kein anderer Wohnsitz mehr infrage. Spöttelnd berichtet er, dass er immerhin nach langen Jahren im Westend das Ostend für sich entdeckt habe und nun oberhalb des Ostparks lebe, also praktisch von der Lower West Side zur Upper East Side aufgestiegen sei. Und in Frankfurt hat der 62 Jahre alte „Plotte", wie er bei den Grünen und vielleicht auch von Freunden genannt wird, seinen Tennisplatz. Denn auch wenn er sich mit noch soviel Verve in den vergangenen Jahren in die Politik eingebracht hat, seine „Genussfähigkeit", wie er es selbst einmal nannte, hat Plottnitz nicht einmal in seinen fünf Ministerjahren eingebüßt.

Es kam denn auch nicht überraschend, als er kürzlich seinen Rückzug aus der Landespolitik ankündigte, weil „16 Jahre genug sind". Seine ganze Generation trete ab, auch er wolle nun einen neuen „Aggregatzustand" erreichen. Manche vermuten auch, dass er, der insbesondere in den Reihen der Grünen bis heute durch sein gepflegtes Äußeres, Manieren und Stil auffällt, nicht noch einmal die mitunter entwürdigende Kandidatennominierung auf einer Mitgliederversammlung mitmachen wollte. Ein gelangweilter Privatier wird Plottnitz aber wohl kaum werden. So will er seinen erlernten Beruf wiederaufnehmen und zumindest ein politisch interessierter Anwalt bleiben.

Von Mechthild Harting

Michael Schaar

Michael Schaar ist derzeit im Urlaub und will sich nicht stören lassen. Schade. Nur er könnte bestätigen oder dementieren, ob der PR-Berater Moritz Hunzinger recht hat, wenn er angibt, jene Rechnung des Modeausstatters Möller & Schaar aus der Goethestraße sei an ihn gerichtet und von seinem Privatkonto beglichen worden, habe also mit Rudolf Scharping nichts zu tun. Mag sein. Lebenserfahrung und Augenschein sprechen jedenfalls nicht dafür, dass ein Mann wie Scharping, der durch modische Extravaganz nie auffiel, mal eben Anzüge, Hemden und Krawatten für 54 885 Mark erstanden hätte.

Michael Schaar ist ein echter Frankfurter. Geboren am 21. April 1946, spielte er als Kind auf den Trümmergrundstücken der zerbombten Stadt und fand es wunderbar. Der Vater starb, als er zwölf, die Mutter, als er 19 war. Dem Abiturienten des Goethe-Gymnasiums, der gern die Welt bereist, ein Handwerk erlernt oder Philosophie studiert hätte, blieb nichts anderes übrig, als das elterliche kleine Bekleidungsgeschäft zu übernehmen. (Die Firma heißt noch heute Möller & Schaar, weil Schaar senior 1930 sein Geschäft gemeinsam mit Theo Möller gegründet hatte.) Mit dem Altherren-Trevira-Charme der Kollektion konnte sich der junge Schaar nicht identifizieren, und so waren die ersten fünf Jahre für den unfreiwilligen Jungunternehmer nicht die reine Freude.

Doch es gab in jener Zeit auch Herrenausstatter wie Karl-Heinz Annas, die vormachten, dass Männermode nicht nur auf den Nachkriegsbierbauch geschneidert sein musste. Michael Schaar nahm ihn sich zum Vorbild, hörte auf, sein Schicksal zu behadern, und sagte sich: „Mach was draus." Was daraus geworden ist, sind zwei Geschäfte mit mehr als 30 Mitarbeitern für die gehobene Herren- und Damenmode, eines an der Goethe-, das andere an der Schillerstraße. Die Preise sind gesalzen, aber die Qualität stellt sich eben auch auf die Bedürfnisse einer im wahren Sinne „gutbetuchten" Kundschaft ein. 300 Euro lässt der Kunde bei Möller & Schaar im Durchschnitt. Und das mag auch daran liegen, dass der Chef ein guter Verkäufer ist. Er hat jedenfalls eine Art, einem den Kiton-Anzug („süditalienische Schneidertradition, reine Handarbeit, der Stoff passt sich der Anatomie an") so schmackhaft zu machen, dass man richtig Lust bekommt, die 2600 Euro dafür zu investieren.

Der Zwei-Meter-Mann mit Schuhgröße 48, der sich selbst eher mit lässiger Eleganz kleidet, hat sich etwas Jungenhaftes bewahrt. Eine gewisse Unbekümmertheit braucht man wohl auch, wenn man beim Einkauf sechs bis sieben Monate früher vorhersagen soll, wie sich wohl die Konjunktur entwickelt. Die Arbeit macht ihm Spaß wegen des täglichen Umgangs mit interessanten Menschen aus allen Berufsgruppen und Nationen (früher viele Amerikaner und Japaner, heute mehr Russen). Und weil er seine Kunden kennt, sind ihm größere Fehlkäufe auch noch nicht passiert: Quietschgelbe Kaschmir-Jacketts kann man vielleicht in Düsseldorf an den Mann bringen, in Frankfurt nicht.

Der Vater einer Tochter, die in Amerika studiert, spielt Golf und Tennis. Wo immer er hinkommt, besucht er die Museen, und er trägt bei Weihnachtsfeiern, Geburtstagen, Hochzeiten Gedichte vor, selbst geschneidert, ohne Reimlexikon. Etwas Jungenhaftes hat er sich bewahrt.

Von Peter Lückemeier

Michael Herl

Eine dieser französischen Limousinen, von Kennern „Göttinnen" genannt, steht vor der Tür – ein Citroën DS. Man meint die Typen zu kennen, die sie lenken: Blasse Schöngeister, von Kopf bis Fuß schwarz gekleidet, mit absichtlich unabsichtlich zerzauster Mähne. Nicht so Michael Herl. Der 42 Jahre alte Frankfurter steigt aus, fischt Unterlagen aus einer Plastiktüte und zwinkert freundlich. Am Morgen sind seine Züge noch ein wenig zerknautscht. Das steht ihm.

Herl hat nichts Geckenhaftes an sich, vielmehr etwas Handfestes, Robustes, beinahe Knuffiges. Er könnte Schreiner sein oder ein Kinobesitzer oder ein Hausmann oder ein Tagedieb. Ist er aber nicht: Herl ist ein kreativer Hans-Dampf-in-allen-Gassen, ist Autor, Moderator, Schauspieler. Und wenn er sich fürs Fernsehen einen Binder um den Hemdkragen windet, ist das nicht mehr als ein hübscher Versuch.

Unverhohlene Bewunderung irritiert Herl. Dabei hat er im Rhein-Main-Gebiet durchaus Prominenten-Status, den er wohl seinen TV-Auftritten verdankt: Als das Frankfurter Original „der Michi" plaudert er als Co-Moderator der Show „Late Lounge" im Hessen-Fernsehen. In der Kulturszene steht der Name Herl jedoch für den Bühnenautor, den künstlerischen Leiter des Stalburg-Theaters und Mitgründer des „Kreativ-Büros Taunusblick", zu dem ein

Dutzend einfallsreicher Köpfe gehören. Grafiker, Fotografen „und ich als Texter".

Nicht von ungefähr: Aufs Schreiben versteht sich Herl. Der gebürtige Pirmasenser ist Absolvent der renommierten Münchner Journalistenschule. Beiträge in namhaften Magazinen und Zeitungen über „die Mühseligen und Beladenen in aller Welt" waren seine Spezialität. Er verfasste Reiseführer und drehte TV-Beiträge für „Report" und „Monitor". Seit fünf Jahren ist damit Schluss. „Ich konnte mich mit dem Beruf nicht mehr identifizieren. Heutzutage ist kein Platz mehr für große Schreib- und Fotostrecken. Diese Art der Qualität ist nicht mehr gefragt." Und er sei des Reisens und des Elends müde geworden. „Ob Dietzenbach oder Katmandu – es wurde beliebig und austauschbar. Routine schlich sich ein, die ich so nicht wollte."

Herl hörte auf zu reisen und kam – obschon seit Jahren in Frankfurt wohnhaft – am Main an. Er vollendete Texte, die schon lange in seiner Schreibtischschublade oder in seinem Hinterkopf schlummerten. Politisch ambitionierte Kabarett-Nummern und Theaterstücke. Ende September hebt sich im Stalburg-Theater der Premierenvorhang zu seinem vierten Solo-Programm „Wer kocht, schießt nicht". Auf das kleine Theater ist Herl stolz: „Wir sind mittlerweile ein ernstzunehmendes kleines Unternehmen, obwohl unser Etat nur zu einem Zehntel aus städtischen Zuschüssen gedeckt ist."

Auf Frankfurt lässt er nichts kommen. „Es ist die großstädtischste Großstadt in Deutschland." Der bekennende Linke fügt an: „Hier politisch ambitioniert künstlerisch tätig zu sein, ist eine Herausforderung – mit dem Großkapital direkt vor der Nase." Berührungsängste habe er nicht, im Gegenteil: „Nur linke Lehrer im Publikum, das ist doch sterbenslangweilig." Auch Manager, Banker und Börsianer will Herl auf den Theaterstühlen sitzen sehen – „eben die ganz normale Frankfurter Bevölkerung".

Von Silke Hellwig

Ardi Goldman

Als Immobiliendelphin ist Ardi Goldman bezeichnet worden. Das Bild ist hübsch gewählt, weil sich der 40 Jahre alte Unternehmer freundlich und anscheinend mit spielerischer Leichtigkeit in einer Szene bewegt, die allgemein als Haifischbecken bezeichnet wird. Aber natürlich ist auch Goldman ein gewiefter Geschäftsmann, der seinen Vorteil suchen muss, um in diesem harten Geschäft sein Auskommen zu finden. Da sollte man sich von seinem manchmal fast schüchtern wirkenden Auftreten nicht täuschen lassen. Der Mann, der sich modisch kleidet, hat klare Vorstellungen von dem, was er will.

Goldman ist gebürtiger Frankfurter, hier ist er, mit Ausnahme einiger Jahre im Ausland, groß geworden. Zwar hat er nach der Wende eine Zeitlang versucht, in Berlin Fuß zu fassen. Doch mit der Hauptstadt ist er nicht richtig warmgeworden. Berlin sei für ihn nicht recht fassbar gewesen. Goldman hat gelernt, dass es für Immobilienleute schwierig ist, den Standort zu wechseln. „Insofern bin ich selbst auch immobil."

Mitte der neunziger Jahre sucht Goldman sein Glück wieder in Frankfurt. Der Grundstock seines beachtlichen Immobilienvermögens war der Nachlass seines früh verstorbenen Vaters. Doch inzwischen kann er von sich behaupten, das Wort Goethes erfüllt zu haben, wonach das Erbe der Väter zu erwerben ist, bevor man es besitzt. In der Branche hat sich Goldman vor allem mit der Sanierung und Neubebauung des Geländes der Union-Brauerei an der Hanauer

Landstraße Ende der neunziger Jahre einen Namen gemacht. Die Lage tief im Ostend galt als hoffnungslos.

Goldman hat die Skeptiker Lügen gestraft. Mit Michael Landes fand er einen Architekten, der seine Vorstellungen von einer Stadt in der Stadt kongenial umsetzte, Büros, Restaurants, Diskothek und Ladenflächen zu einer funktionierenden Einheit formte. Die Union wurde zum Fixstern im Frankfurter Nachtleben, und wer in der New Economy etwas darstellen wollte, musste hier seine Büros mieten. Mit der Krise am Neuen Markt hat auch das Union-Gelände ein wenig von seinem Glanz verloren. Und dass das Nachtleben ein vagabundierendes Ding ist, weiß niemand besser als der Nachtschwärmer Goldman selbst.

Goldman hat sich schon anderen Projekten zugewandt. Auf dem Gelände des Güterbahnhofs Ost will er gemeinsam mit anderen Investoren das sogenannte Stadtwerk errichten, wie die Union eine Mischung aus Büros, Gastronomie, Hotel und Kultureinrichtungen. An der alten Brücke will er einen Turm mit Restaurant sowie das neue Haus für die Ausstellungshalle „Portikus" bauen. Wieder ist er also fernab der gängigen Innenstadtlagen fündig geworden, in denen sich die großen Immobiliengesellschaften mit sturer Phantasielosigkeit tummeln und dadurch die Preise verderben. Goldman dagegen hat seine Berliner Lektion beherzigt: Nur wer eine Stadt und die Mentalität ihrer Bewohner sehr gut kenne, könne neue Orte etablieren. Der Frage, ob er Frankfurt schön finde, weicht Goldman aus. „Die stellt sich so nicht. Es geht darum, ob ich mich wohlfühle", sagt er. Ein großer Freundeskreis, beruflicher Erfolg und angenehme Erlebnisse machten das Wohlgefühl aus. Angenehme Erlebnisse? „Für die sorge ich selbst. Es sind meine Bauprojekte", sagt Goldman.

Von Matthias Alexander

Brigitte Tilmann

Wuchtig wirkt das Gebäude am Ende der Zeil noch immer. Mehr Glas, Metall und neue Farben haben dem Oberlandesgericht jedoch seit der aufwendigen Sanierung die Strenge genommen. Im sechsten Stock, der Präsidialabteilung, ist die Atmosphäre noch einen Hauch dezenter als auf den anderen Fluren. „Die Architekten hatten freie Hand, ich wollte nur keine grellen Töne". Sich einzubringen, statt anzuordnen, das entspricht dem Führungsstil von Brigitte Tilmann, Hessens oberster Richterin. Im Sommer 1998 hat sie ihr Amt angetreten. Damit war auch ein politisches Signal von Deutschlands erstem Justizminister der Grünen, Rupert von Plottnitz, verbunden, der erstmals in Hessen eine Frau auf dieser Position wollte. Mit diesem Mäntelchen herumzulaufen war schon schwer genug, obwohl Brigitte Tilmann das, wie sie nachträglich feststellt, eigentlich gar nicht so empfunden hat. Hinzu kam indes, dass sie mit Horst Henrichs („als OLG-Präsident von mir immer hochgeschätzt") einem Mann nachfolgte, dessen vertrackte Nebentätigkeit- und Telefonaffäre noch in den Räumen zu wabern schien. Dass sehr kritisch beäugt wurde, wie klar der Schnitt ausfalle, merkte sie an Bemerkungen zu ihrem Dienstwagen. Um Kosten zu sparen, hatte sie die Limousine übernommen, welche die Justiz bei einem Kriminellen konfisziert und zuvor schon Henrichs zur Verfügung gestellt hatte. Bei ihm schien der Wagen ins Bild eines am Ende seiner Dienstzeit dem Materiellen sehr zugewandten Menschen zu passen. Brigitte Tilmann war daher froh, als sie den Wagen los war. Die Einundsechzigjährige spricht fast schon amüsiert über solche Erfahrungen. Erst recht, seitdem sie im vergangenen Jahr ein anderes Politikum durchgestanden hat. Qua Amtes war und ist sie Mitglied des sogenannten Wahlprüfungsgerichts des Landtags. Sie hat viele Stunden am Tisch mit dem damaligen Präsidenten des Verwaltungsgerichtshofs sowie mit drei Parlamentariern gesessen. Zu beraten war über die Finanzaffäre der hessischen CDU und ihre mögliche Bedeutung für die Gültigkeit der Landtagswahl 1999. Man tagte zwar hinter geschlossenen Türen des Landtages, hinterher wurde jedoch gar nicht diskret darüber spekuliert, ob die beiden Berufsrichter wohl „im Lager“ der Opposition stünden. Bei der OLG-Präsidentin machte man die Vermutung daran fest, dass sie im Januar 1999 einen Aufruf für die Wiederwahl des Darmstädter Oberbürgermeisters Peter Benz (SPD) unterschrieben hatte.

Brigitte Tilmann hat, wie sie heute freimütig eingesteht, anfangs sehr unter dieser ihr so fremden, feindseligen Atmosphäre gelitten. Dennoch will sie die Erfahrung heute nicht mehr missen. Denn als der Druck beinahe unerträglich geworden sei, sei bei ihr, die sich im Theater und beim Lesen zu entspannen pflegt, eine, wie sie es nennt, verinnerlichte Gelassenheit eingekehrt: „Seither können mich Angriffe nur noch schwer wirklich erreichen.“

Sieht sie sich als „Karrierefrau“? So mitleidig, wie die gebürtige Berlinerin einen nach dieser Frage anschaut, bereut man sogleich, das Klischee angesprochen zu haben. Um für ihre beiden – inzwischen längst erwachsenen – Kinder da zu sein, hatte sie drei Jahre vom Richterdienst pausiert, später, auf einer halben Stelle, noch weitere Jahre für Familie und Beruf bis tief in die Nacht das Beste aus der Doppelbelastung machen wollen: „Ich kann Frauen nur raten, sich selbst nicht aus dem Auge zu verlieren.“ Richterin wollte sie schon seit ihrer Schulzeit werden, einen Aufstieg in diesem Beruf habe sie aber nie geplant. Rund zwanzig Jahre ließ, wegen der Teilzeit, die erste Beförderung auf sich warten. Dann fügte sich über die Stationen Ausbildungsreferentin im Ministerium, Vizepräsidentin des Landgerichts in Wiesbaden und Präsidentin in Limburg der Weg an die Spitze des Oberlandesgerichts. Ihr Lebensmotto? „Ich will, dass die Menschen, mit denen ich zusammenarbeite und die mir vor Gericht begegnen, den Umgang als fair empfinden.“

Von Helmut Schwan

Rudolf Steinberg

„Auf Schalke" hat Rudolf Steinberg Abitur gemacht mit zumindest einer Konsequenz: Fußball hat in seinem Leben einen gewissen Stellenwert. Wenn aus dem heutigen Juraprofessor auch kein leidenschaftlicher Fan dieser Sportart geworden ist, so verfolgt er doch bis heute die Ergebnisse aller Spiele, an denen Schalke beteiligt ist. Besonders beeindruckt hat ihn die Mannschaft im Jahr 1958, nicht allein wegen des deutschen Meistertitels, sondern vor allem, weil es schulfrei gegeben hatte, damit die Pennäler ihre Helden mit Fähnchen winkend in ihrer Heimatstadt Gelsenkirchen begrüßen konnten.

Vielleicht wallt auch heute noch ein wenig von jenem großen Glücksgefühl von damals in Steinberg wieder auf, wenn er sich freitags zum sportlichen Altherrenabend mit anderen Professoren, dem Studentenpfarrer, Mitarbeitern und Studenten der Universität zum lockeren Kicken trifft. Viele Gelegenheiten für Freizeitaktivitäten hat der Wissenschaftler jedoch nicht, vor allem seit er vor zweieinhalb Jahren das Amt des Präsidenten der Johann Wolfgang Goethe-Universität übernommen hat. Wenn es die Zeit erlaubt, besucht er Konzerte, geht in Oper und Theater. Mit Wehmut denkt er an die „tollen Inszenierungen der Gielen-Zeit" zurück, die ihn in den achtziger Jahren nach Studium, Dissertation und Habilitation aus Freiburg kommend in Frankfurt so sehr beeindruckt hatten.

In außerordentlich aufregenden Zeiten steuert Steinberg nun das Ruder des „trägen Tankers Universität", wie er es einst formuliert hat. Gerne würde er lange überfällige Reformen an der Hochschule schneller durchboxen, als die verkrusteten Strukturen es erlauben. Um die Steigerung der Konkurrenzfähigkeit seiner Universität gegenüber vielen rivalisierenden Hochschulen im In- und Ausland geht es dem Präsidenten. Die Sicherung und Stärkung der Qualität in Forschung und Lehre ist ihm wichtig. Denn international beachtete wissenschaftliche Schwerpunkte erleichtern nicht nur die Beschaffung von Geldern aus den „Drittmittel-Töpfen", sie locken auch Spitzenforscher an den Standort und ehrgeizige Studenten, die ihren Abschluss nicht „irgendwo" machen wollen. Dem Präsidenten geht es „ums Ganze", um schlagkräftige, selbstbewusste Fachbereiche, in denen herausragende Wissenschaftler nicht mehr als vielbewunderte „Solisten" agieren, sondern ihre Fähigkeiten in die Teams einbringen.

Auch Steinberg hat seine Fähigkeiten an Weihnachten zum Wohle der Familie eingesetzt. Der begeisterte Freizeitkoch brachte für sich, seine Frau und die vier Kinder Tafelspitz mit Bouillonkartoffeln auf den Tisch, deren Zutaten er in dem „kulturellen Tempel", in der Kleinmarkthalle, selbst ausgesucht hat. Und kaum anders als mit seiner Crème Caramel, die er zum Nachtisch zaubert, sei es auch an der Universität, meint der Professor: Zutaten vom Besten, dann werde auch das ganze Gericht ein Genuss.

Von Ernst Wegener

Bernd Ehinger

Über seinem Schreibtisch befindet sich, gerahmt und hinter Glas, ein Eintracht-Trikot mit dem Aufdruck „Infotec“. Im Raum nebenan hängen zwei Kunstwerke. Eines besteht aus einer Uhr, unter der ein Mann mit Zylinder auf einem Stapel Münzen sitzt – Titel: „Zeit ist Geld“. Das andere zeigt eine aufwärts strebende Fieberkurve und einen Mann im roten Sakko, der sich im Gegenwind den Hut festhält: „Der Erfolgreiche“. Gemeinsam sagen sie einiges über ihren Besitzer Bernd Ehinger aus.

Der 58 Jahre alte Frankfurter führt seit drei Jahrzehnten die Geschäfte der von seinem Großvater 1906 gegründeten Elektrofirma und beschäftigt 150 Mitarbeiter. Er zeichnet auch als Obermeister der Elektroinnung Frankfurt, als Landesinnungsmeister seines Gewerbes sowie als Schatzmeister der Frankfurter CDU. Und nicht zuletzt gehört er dem Aufsichtsrat der Eintracht Frankfurt Fußball AG an, die er auf den Weg gebracht und mitgegründet hat. Wer so viele Jobs hat, muss wissen, was er will, er muss zielstrebig sein und hat keine Zeit zu vergeuden.

Ehinger macht im Gespräch auch nicht den Eindruck, als strenge ihn die Fülle seiner Aufgaben an. Vielmehr wirkt der Mann energiegeladen. Mit der hohen Stirn, dem graumelierten Oberlippenbart, dem starken Kinn und der flexiblen, rechteckigen Brille erinnert er ein bisschen an den legendären Trainer von Waldhof Mannheim, Klaus Schlappner, das Energiebündel.

Nach dem Grund für seine vielen Jobs befragt, muss er nicht lange nachdenken: „Die Gesellschaft hat mir viel gebracht – da muss ich sehen, dass ich mich ehrenamtlich engagiere." Gleichwohl ist er nach eigener Einschätzung nicht nur in eine Aufgabe mehr hineingerutscht, als dass er sie angestrebt hätte. So hat er sich nicht für den Posten des Schatzmeisters der Union beworben, sondern wurde von Parteichef Udo Corts gefragt. Das Angebot, dieses Ehrenamt im Zuge der Spendenaffäre der Partei zu bekleiden, hätte er nicht annehmen müssen. Aber: „Es musste sich einiges ändern", sagt der verheiratete Vater zweier Kinder – und dass die Frankfurter CDU heute „absolut clean" sei, das sagt er auch.

Zweites Beispiel: die Rolle des Vaters der Fußball AG. Nach dem Abstieg aus der Ersten Bundesliga gab es eine politische Initiative unter Walter Wallmann, die den Verein wieder nach vorne bringen sollte. Sie suchte Leute, „die es machen könnten". Ehinger war darunter. Er entwickelte die Idee, die Fußball-Profis aus dem Verein zu lösen – und handelte sich den Vorwurf ein, der Totengräber des Gründungsmitglieds der Fußball-Bundesliga zu sein. Zur Mitgliederversammlung Ende Januar 2000 im Palmengarten kam er mit zwei Bodyguards und wurde ausgebuht, als er den Saal betrat. „Um halb eins in der Nacht haben sie mich dann wieder in den Verwaltungsrat gewählt." Nach einem solchen Wechselbad der Gefühle wirft ihn nichts mehr um, sagt er, „das formt".

Übrigens: Für viele Fans kommt das Leibchen über Ehingers Schreibtisch gewiss einer Reliquie gleich. Es ist das Trikot, das Bernd Hölzenbein beim UEFA-Cup-Sieg der Eintracht 1980 getragen hat. Das waren noch Zeiten. Bernd Ehinger wäre derzeit aber schon froh, wenn sein Verein im Spätsommer wieder aufsteigen würde.

Von Thorsten Winter

Hans-Peter Zarges

„Ich musste von Frankfurt weg, um die Stadt neu für mich zu entdecken. Es ist wichtig, mal über den Horizont zu gucken, um neue Ideen zu kriegen." Und davon hat Hans-Peter Zarges so viele, dass jeder Tag für ihn eine Überraschung ist. Zum ersten Mal sei er in einem Unternehmen, wo die Kreativität nie aufhöre, und die Mutter wolle weiter mitarbeiten, weil es jetzt erst interessant werde.

Das Jahr 1959 war das Gründungsjahr der Metzgerei Zarges, weil der Vater sich zur Geburt des Sohnes selbstständig machte. Als der „große Förderer der Frankfurter Eintracht" zehn Jahre später tödlich verunglückte, war seine Metzgerei die größte Frankfurts mit mehreren Geschäften. Seine 29 Jahre alte Witwe, die noch ihren Meistertitel erwarb, führte sie weiter, Sohn und Tochter kamen ins Internat. Hans-Peter, mit den Lieblingsfächern Mathematik und Kunst, studierte in München Betriebswirtschaft und eröffnete dort nach einem Amerika-Urlaub eine „erotische Bäckerei", für deren Marzipanformen er mit einem Partner Studien an griechischen Statuen machte: „Sie wurde gleich ein Hit." Eine Geburtstagsfeier für Gloria von Thurn und Taxis brachte die richtigen Kontakte, sein angeschlossenes Café „Capri" wurde zum Prominententreff. Nach fünf Jahren verlor er die Lust und erinnerte sich, dass die Fürstin ihn internationalen Modeschöpfern vorgestellt hatte. Zarges beschloss, amerikanische Mode und Kosmetik nach Deutschland zu holen. Gemeinsam mit

Schwester Birgit baute er in München den Vertrieb auf und machte daraus das erste Lifestyle-Kaufhaus für Mode, Möbel und Accessoires, Vorläufer für die Trendhäuser Teresa in München und Colette in Paris. 1992 lernte der junge Mann auf einem Flug den Escada-Chef kennen; auf dem Rückflug war er sein Geschäftsführer für Cerruti in den Staaten und stattete unter anderem Filme aus. Dann machte er sich in Soho selbstständig mit einem Möbelladen. „Wieder sehr erfolgreich."

1999 wollte sich die Mutter mit sechzig zurückziehen. Verkaufen? Keine Frage für den Sohn, zumal auch die Schwester inzwischen mitarbeitete. Er baute den Imbiss in der B-Ebene aus, sah das Haus Lochner auf der Freßgass' und wusste, das musste es sein für alle seine Ideen. „Bei uns wird alles mit der Hand gemacht, es gibt keine Wurststraßen, keine Chemie, und unsere Rindswurst bekommt immer die Goldmedaille." Weil Zarges gern gut isst, entstanden auf 320 Quadratmeter das Feinkosthaus „als Schaufenster" mit vielen internationalen Produkten, die es bisher in Frankfurt nicht gab, und das Restaurant mit täglich wechselnder Karte. Und weil er „alles haben muss", als Drittes das Catering, mit dem er seit Entdeckung durch die Buchmesse bei jeder Messe vertreten ist. Der Autodidakt, Chef von 75 Angestellten, hat jede Theke selbst entworfen und baut mit gleicher Begeisterung „Bilder aus Obst und Gemüse" für seine Kunden.

Unaufhaltsam in Aktion, übernimmt Zarges jetzt den Golfclub Niederrad. Noch mehr aber freut ihn, dass er die Frankfurter Küche „auf edel" wiederbelebt hat und inzwischen deutschlandweit anbietet: „Die Leute flippen aus!" Zufrieden stellt er fest: „Dreißig Jahre weg von Frankfurt, und ich kenne trotzdem an jedem Tisch jemanden!"

Von Ute B. Fröhlich

Uwe Becker

Den Heiratsantrag hat Uwe Becker seiner Frau Kerstin hoch über den Wolken auf dem Flug nach Paris gemacht, per Bordmikrofon. Für die Bodenhaftung des Politikers Becker spricht, dass er das Risiko zuvor gut kalkuliert hatte, um nicht coram publico einen Korb zu bekommen. Mittlerweile gehören die Zwillinge John Marvin und Melissa Maria zur Familie des gelernten Bankkaufmanns, der im Hauptberuf als Personalreferent bei der Frankfurter Sparkasse arbeitet.

Aus einer alten Nieder-Eschbacher Familie mit sozialdemokratischer Tradition stammend – der Großonkel Heinrich Becker war einst Bürgermeister des heutigen Frankfurter Stadtteils –, ist der Dreiunddreißigjährige in seiner politischen Familie, der CDU, mehr als einmal der Benjamin auf der Karriereleiter gewesen: 1991 jüngster Stadtbezirksverbandsvorsitzender, 1993 jüngster Fraktionsvorsitzender im Ortsbeirat Nieder-Eschbach, 1995 jüngster Stadtverordneter und seit 2001 jüngster Fraktionsvorsitzender im Römer. „Irgendwann geht der biologische Faktor auch verloren", winkt Becker ab. Ratschläge der Partei-Eminenzen habe er im Übrigen nie als Bevormundung empfunden, sondern als Empfehlungen aufgrund langer Erfahrung. Abgesehen davon wolle er sich von jedem Thema ein umfassendes Bild machen, und das bedeute, nicht nur auf eine Person zu hören.

Ein paar Monate nachdem ihn die Fraktion mit 30 von 34 Stimmen zum Vorsitzenden gewählt und damit geräuschlos den Generationswechsel vollzogen hatte, kam das, was Becker selbst seine „Feuertaufe“ nennt: die Wahl des Stadtkämmerers. Die Fraktion beugte sich mit der Faust in der Tasche dem Wunsch von Oberbürgermeisterin Petra Roth (CDU), Albrecht Glaser durch Horst Hemzal zu ersetzen. 38 Prozent Neinstimmen waren für Unionsverhältnisse nachgerade eine Sensation. Dass diese Wogen längst geglättet sind und sich auch das „Flügelschlagen“ in der Fraktion im Gegensatz zu früheren Jahren in überschaubaren Grenzen hält, liegt auch an der ausgleichenden Art Beckers.

Dabei kann sich der Mann, der stets beherrscht auftritt und mit ruhiger Stimme vorträgt, durchaus aufregen. „Wenn klare, rationale Entscheidungen nicht möglich sind“, ärgere ihn das schon, gibt er zu. Nach diesem Maßstab müsste er freilich häufig und heftig rotieren, gleicht doch das Viererbündnis, zu dem sich CDU, SPD, Grüne und FDP im Römer zusammengerauft haben, oft dem sprichwörtlich unbeweglichen Tanker. Inwieweit ihn langwierige Koalitionsrunden an Kampfübungen seiner Bundeswehrzeit erinnern, darüber schweigt Becker allerdings diplomatisch.

Dass er als Vorsitzender der Rathaus-Fraktion noch nicht am Ende seiner politischen Laufbahn angekommen ist, dürfte ausgemacht sein. Becker gilt als „magistrabel“, und voriges Jahr ist er mit dem besten Ergebnis zu einem der vier Stellvertreter von Parteichef Udo Corts gewählt worden – als jüngster, versteht sich. Auf seiner selbst erstellten Homepage im Internet lächelt er dem Besucher jedenfalls schon vor der Frankfurter Skyline auf staatsmännisch blauem Untergrund entgegen.

Von Ulrich Adolphs

Michael Endres

Ein Bayer in Frankfurt. Schon dies ist eine Rarität. Ein Bayer – und dazu noch ein bekennender – auf der Chefetage der Deutschen Bank: Eine solche Person fällt fast schon unter den Artenschutz. Vor drei Jahrzehnten hat der unverkennbare Münchener Michael Endres seine Karriere beim deutschen Vorzeige-Finanzinstitut als Vorstandsassistent begonnen. Wie im Fahrstuhl ist es danach aufwärtsgegangen: Leiter der Filiale in Ulm, später in Mannheim; danach verantwortlich für die Geschäftsstrategie; mit 45 Jahren nach London, wo er als Managing Director die Deutsche Bank Capital Markets aufbaute; schließlich Mitglied des Vorstands.

Michael Endres hätte ein bequemes Rentnerleben führen können, als er am 31. Dezember 1998 in den sogenannten Ruhestand trat. Doch erstens legt ein Mann, der sein Leben lang zugepackt hat, sich nicht mit 61 Jahren auf die faule Haut. Und zweitens glaubt Endres, der sich selbst als vom Glück begünstigt bezeichnet, eine Dankesschuld abtragen zu müssen. War er doch wie seine ganze Generation in eine Zeit hineingeboren worden, in der es wirtschaftlich fast immer nur bergauf ging, in der man – Talent und Fleiß vorausgesetzt – Chancen geboten bekam, wie sie heute, in ökonomisch härteren Zeiten, nicht mehr selbstverständlich sind.

Also gibt Endres jetzt als Vorstandsvorsitzender der gemeinnützigen Hertie-Stiftung dem Gemeinwesen etwas von dem zurück, was es ihm in seinen

Jahren als Bankenmann an Aufstieg und Erfolg ermöglichte. Seine Berufung in das Vorsteheramt muss man als Glücksfall bezeichnen, denn innerhalb dreier Jahre hat Endres, der weiterhin als Berater für die Deutsche Bank wirkt und noch einige Aufsichtsratsmandate innehat, aus einem skandalgeschüttelten Laden eine der renommiertesten deutschen Stiftungen gemacht. Unter Endres' Führung trennten sich die Hertie-Familienstiftung und die gemeinnützige Hertie-Stiftung, zahlte die Familienstiftung ihren Kredit an die gemeinnützige Stiftung zurück, was dieser erst ein sinnvolles Arbeiten ermöglichte.

Vom Kriechgang innerhalb kürzester Zeit auf Tempo hundert – ohne Endres' Managererfahrung, ohne seine Führungsstärke und seine weitgestreuten Kontakte hätte die Hertie-Stiftung dieses Kunststück wohl nicht geschafft. Eine völlig neue innere Ordnung baute Endres auf, eine leistungsfähige Finanzverwaltung, ein strukturiertes Förderwesen und nicht zuletzt ein Kuratorium, dem unter anderen so herausragende Persönlichkeiten wie der frühere Bundespräsident Roman Herzog, VW-Chef Bernd Pischetsrieder oder der Frankfurter Hirnforscher Wolf Singer angehören. Von einem Frühstücksdirektor, wie man ihn auf einem solchen Posten leicht erwarten könnte, kann bei Michael Endres keine Rede sein: Bis in die Details verfolgt er die Arbeit der Stiftung und bringt dabei Qualitäten zur Geltung, für die er schon früher bei der Deutschen Bank gerühmt wurde: Zielstrebigkeit, analytische Schärfe, Durchsetzungsvermögen.

Und wenn der Bayer in Frankfurt einmal keine neuen Projekte bei der Stiftung ausheckt, besucht er mit seiner Frau, die indes keine Bayerin ist, Konzerte. Zum Beispiel – sein Geheimtipp – bei der Schubertiade in Schwarzenberg im Bregenzerwald.

Von Hans Riebsamen

Rainer Brenner

Er ist ein Augenmensch. Und so gleitet der Lift über sechs Etagen von den Trompe-l'oeil-Pflanzen des Wintergartens unter dem Glasdach an lebensechten Walen vorüber in den Spielkeller mit gemalter Tiefsee-Atmosphäre. Vor seinen Vitrinen erfreut er sich an der wertvollen Sammlung Hunderter alter Brillen und Operngläser. An die Wand hat er einige Brillengestelle gehängt, vom großen Feuer, das 1991 alles zerstörte, skurril verformt und geschwärzt.

Augenoptiker Rainer Brenner empfindet seinen Laden in der Goethestraße „ganz altmodisch“ als Wohnzimmer, in dem er alles Selbst dekoriert, in dem man sich wohlfühlen soll und das er nicht vor neun Uhr abends verlässt. Er sucht das Gespräch mit seinen Kunden, die er als seine „Lebenssponsoren“ bezeichnet: „Ich bin christlich eingestellt, lasse aber viele Strömungen auf mich zukommen.“

Die kreative Ader verdankt er der Mutter; ihr folgten der als Kaufmann arbeitende Vater und die drei Kinder nach München, weil die Schneiderin und Modistin dort einen großen Auftrag erhalten hatte. Die Familie blieb dort, er kehrte 1965 allein nach Frankfurt zurück. Die Mutter hatte als praktische Frau bestimmt, er müsse Augenoptiker werden. Als sich der junge Meister vor 25 Jahren selbstständig machte, sollte es die bürgerliche Goethestraße sein. „Von der Wohnung im Westend aus war das immer mein Refugium, mit dem ‚Spielzeugonkel', den vielen guten Geschäften.“

Und so begann er in seinem heutigen Haus, auf zunächst 40 Quadratmetern „das kleine Produkt Brille gestalterisch aufzubereiten". Die ersten eigenen RB-Brillen, mit einem Juwelier als Unikate hergestellt, wurden in New York und Mailand ausgestellt und in Europa verkauft. Heute gibt es sein Design aus Gold, Silber, Büffelhorn und Kunststoffen nur noch im eigenen Haus, dazu mal eine Spezialanfertigung passend zum Ferrari oder für einen medizinischen Sonderfall. Von den über 20 000 Stammkunden kommt eine nicht geringe Zahl aus dem Ausland. Für alle sucht der Augenoptiker die Brille aus, die Ausdruck ihrer Person ist.

Ehefrau Renate, für die Finanzen zuständig, ist für Brenner so ein Glücksfall wie der Laden und die Goethestraße, für die er 1987 eine Aktionsgemeinschaft gründete und das Goethestraße-Journal als „wichtige regionale Aussage". Vom kleinen bis zum Nobelgeschäft sei man in der Goethestraße schon immer eine „eingefleischte Clique" gewesen, auch wenn es heute nicht mehr viele Geschäftsinhaber gebe. 1997 wurde zum ersten Mal der Große Preis der Goethestraße ausgeschrieben: „Nur auf der Rennbahn kriegt man alle zusammen."

Der Fünfundfünfzigjährige nennt sich einen glücklichen Menschen. Sohn Raoul, der Wirtschaftsingenieur wird, erhielt zwar einen Namen mit „R" wegen des Logos, doch das Geschäft wird Tochter Nadine fortführen, die das Studium wegen des Meisterbriefs sein ließ und jetzt mit 27 Jahren Mitinhaberin ist. Rainer Brenner, der sich als einen Dekorateur, Phantasten und „Weihnachtsmenschen mit Flügel und Geflügel" bezeichnet, läuft zwar täglich, hat aber nicht viel Zeit zum Golfen. „Mein größtes Hobby und ganzes Leben ist mein Geschäft."

Von Ute B. Fröhlich

Robin Fritz

Fast wäre Robin Fritz Aufsichtsratsvorsitzender von Eintracht Frankfurt geworden. Als Volker Sparmann im vorigen Herbst aus dem Aufsichtsgremium in den Vorstand der Eintracht-AG wechselte, sollte ihm sein damaliger Stellvertreter Fritz im Vorsitz folgen. Doch noch vor seiner Wahl griff Fritz die Vereinsführung überaus scharf an. Professionelle Arbeit im Verein scheitere „am Faktor Mensch“. Fritz sprach von fehlender Kompetenz, Eitelkeiten und Wahrnehmungsstörungen. Damit war die Karriere von Fritz bei der Eintracht beendet, er verzichtete eine Woche später auf seinen Aufsichtsratsposten. Wer den meist sehr verbindlich auftretenden Anwalt kennt, musste von der Schärfe der Angriffe überrascht sein: Deutliche Worte spricht Fritz zwar gern, aber nicht öffentlich. Und einen verletzenden Ton vermeidet er, wo es geht.

Es musste schon eine tiefsitzende Frustration dahinterstecken. Tatsächlich hatte Fritz intern immer wieder angemahnt, in der Eintracht endlich professionelle Strukturen durchzusetzen. Als das nichts half, entschied er sich für den Eklat als letzte Chance. Die Organisationsfrage – Verein oder AG – ist für Fritz dabei nebensächlich. Entscheidend sind, wie auf dem Spielfeld, die Persönlichkeiten: „Der Verein braucht zwei oder drei seriöse Leute an der Spitze, die loyal zusammenarbeiten und etwas vom Fußball verstehen.“ Vom Sport versteht Fritz etwas, er ist seine Leidenschaft: Der Achtundvierzigjährige spielt Tennis und ist ausgebildeter Skilehrer, war einst Leistungsschwimmer und hat jahrelang in der Kreisliga gekickt, bis das Knie nicht mehr mitmachte. Auch als Anwalt vertritt er verschiedene Spieler und Vereine, immer noch auch die Eintracht. Beim Sport muss Fritz das Gefühl für das richtige Timing und den effizienten Einsatz der eigenen Kräfte erworben haben.

Wer sich mit dem erfolgreichen Anwalt zum Mittagessen trifft, kann stets mit einem entspannten Gesprächspartner rechnen. Und mit einem Genießer, der die schönen Dinge des Lebens zu schätzen weiß. Die Anwälte in den Großkanzleien, die oft von morgens acht Uhr bis abends um elf über ihren Akten hocken und ihre Kinder allenfalls am Sonntag kurz zu Gesicht bekommen, tun Fritz leid: „Nach ein paar Jahren ist die Ehe kaputt." Fritz nimmt für sich in Anspruch, solchen Übertreibungen in der eigenen Kanzlei vorzubeugen: Ausgebrannte Mitarbeiter, die mit Mitte dreißig vor einem zerrütteten Privatleben stünden, nutzten ihm nichts. Sich Zeit zu nehmen für Gespräche ist für ihn aber auch ein erfolgreiches Geschäftsmodell. In seiner Heimatstadt ist er vernetzt wie wenige andere. Das hilft bei der Akquise. „In Hamburg oder München wäre ich wie ein Fisch auf dem Trockenen", meint Fritz, der im Holzhausenviertel aufgewachsen ist, an der Frankfurter Universität die Rechte studiert hat und dort auch promoviert wurde.

Nach einem einjährigen Aufenthalt in New York trat er in die Kanzlei Paul Schmitt ein, aus der nach mehreren Fusionen mittlerweile die Sozietät Fritze Paul Seelig geworden ist – die größte unabhängige in Deutschland. Mit rund hundert Anwälten, 50 davon in Frankfurt, wo Fritz geschäftsführender Partner ist, ist die Kanzlei im Vergleich zu den großen „Lawfirms" allerdings recht klein und nur in Deutschland tätig. Das soll laut Fritz auch so bleiben, um das Profil zu wahren: Der Schwerpunkt liegt auf dem gewerblichen Rechtsschutz und auf Bau- und Immobilienrecht, internationale Ambitionen werden nicht verfolgt. Große und komplexe Bauprojekte, bei denen Fragen aus verschiedenen Rechtsgebieten zu klären seien, sieht Fritz als Domäne an. Die Chancen dieses Konzepts hält er für gut: Die Immobilienbranche wisse, dass eine gute Kenntnis der regionalen Verhältnisse wichtig sei. Außerdem denke sie kostenbewusster als beispielsweise Banken oder internationale Konzerne. Phantasiehonorare der Großkanzleien würden weniger denn je akzeptiert. Rechtsanwälten ergeht es da wie Profifußballern: Selbst die Stars müssen in diesen Zeiten Gehaltseinbußen hinnehmen. Fritz sieht es sportlich und sucht seine Chancen.

Von Matthias Alexander

Jochem Jourdan

Wer Jochem Jourdan kennenlernen will, sollte sich zu ihm ins Auto setzen. Dann wird der sonst so zurückhaltend, fast zerstreut wirkende Architekturprofessor zu einer Art Raubtier. Mit seiner französischen Limousine hetzt er Saumselige von der Überholspur. Das tut Jourdan ohne äußere Anzeichen von Aggressivität, vielmehr wie selbstverständlich, während er das Gespräch beispielsweise auf die Avantgarde in der Musik lenkt. Der Beifahrer kann sich durchaus aufs Gespräch konzentrieren – diesem traumwandlerisch rasenden Chauffeur vertraut man irgendwie.

Wie er fährt, so führt Jourdan offenbar auch Verhandlungen: beiläufig und doch durchsetzungsfähig. Neben seiner Lehrtätigkeit an der Universität Kassel hat er gemeinsam mit Bernhard Müller das Büro PAS Jourdan & Müller mit Sitz an der Leipziger Straße in Bockenheim aufgebaut. Nach seiner Emeritierung kann sich der Sechsundsechzigjährige nun ganz auf die Tätigkeit als Freier Architekt konzentrieren. PAS steht übrigens für „Projektgruppe Architektur und Städtebau" und sagt viel aus über den reformerischen Geist, der die Bürogründer Ende der sechziger Jahre beseelte. Noch heute verteidigt Jourdan städtebauliche Visionen der frühen Bundesrepublik, spricht sich für den Erhalt von Bauten des Universitätsbaudirektors Ferdinand Kramer aus.

Das ist der Akademiker in Jourdan, der Architekt ist pragmatisch. Jourdan geht an Bauaufgaben nicht mit einem festgelegten Stilideal heran, sondern passt sich den Gegebenheiten an. Eine eminente historische Bildung verbindet sich mit der Offenheit für neue Strömungen. Nicht zufällig gilt Jourdan als Meister in der Komposition von Altem und Neuem. Den postmodernen Neubau der Landeszentralbank hat er gekonnt mit der Hauptstelle der Reichsbank an der Taunusanlage verbunden. Jourdan & Müller haben die früheren Adlerwerke umgebaut, das Städel erweitert.

Vermittlung zwischen den Gegensätzen ist Jourdans Sache, er ist dem Naturell nach ein Diplomat: Zu Hilfe kommt ihm seine große rhetorische Begabung. Er trumpft nicht auf, sondern sucht zu überzeugen; Jourdan spricht leise, aber leidenschaftlich. Seine natürliche Autorität hat sich schon mehrfach bei der Präsentation schwieriger und politisch vorbelasteter Projekte bewährt. Der Ausbau der Gerbermühle etwa drohte an den Vorbehalten der Stadtverordneten gegenüber dem Investor zu scheitern – Jourdan erarbeitete einen neuen Entwurf, und niemand erhob mehr Widerspruch. Jourdan ist zum „Troubleshooter" geworden. Der Hochhaus-Rahmenplan von 1998 stammt von ihm. Auch die Olympia-Planung wurde ihm anvertraut – damit ist er endgültig zum maßgeblichen städtebaulichen Vordenker der Stadt geworden.

Jourdan schätzt Frankfurt, lebt jedoch in Dreieich, in einem Haus mit vielen Treppen und wenigen Türen, das er für einen anderen Bauherrn entworfen, wenige Jahre später aber gekauft und mittlerweile bis zum Rand mit Büchern und Kunstgegenständen gefüllt hat. Hier sind seine beiden Söhne groß geworden, die mittlerweile im Büro des Vaters arbeiten. Vorher haben sie bei internationalen Größen ihres Fachs studiert und sind mit jeweils eigenen Vorstellungen zurückgekehrt. Darauf ist der Vater stolz.

Von Matthias Alexander

Peter Heusch

„Lange Zeit bin ich früh schlafen gegangen" – so beginnt Marcel Prousts mehrere Tausend Seiten langes Werk „A la Recherche du Temps Perdu". Peter Heusch aber ist wegen der „Recherche" lange Zeit sehr spät, oft auch gar nicht ins Bett gegangen. Die Welt des „lieben Marcel" hat ihn gefangengenommen. Vor 37 Jahren ist er erstmals in sie eingetaucht – ein Korrepetitor am Aachener Theater hatte sie dem jungen umtriebigen Schauspieler nahegelegt: „Das bringt dich vielleicht ein bisschen zur Ruhe."

Ruhig geworden ist Heusch zwar dadurch nicht wirklich, doch Proust hat eine Kontinuität in sein Leben gebracht: Seit zehn Jahren ist er einmal im Monat im Frankfurter Literaturhaus „Auf der Suche nach der verlorenen Zeit", vor einer unterschiedlich großen Zahl von Zuhörern, die ihn zum Teil seit den ersten Lesungen begleitet.

Man spürt, dass es die Literatur ist, nicht nur Proust, sondern auch sein zweiter Hausgott Hölderlin, die Heusch das Leben bewusst machen, die Endlichkeit und auch die durch das sprachliche Kunstwerk wiedergeschenkte Zeit. Die „Landschaften zwischen Wirklichkeit und Wunsch" mithilfe der Literatur zu ergründen, haben aus dem Schauspieler, Regisseur, Autor und Schauspiel-Lehrer weit mehr gemacht als nur den „Stimmengeber" Prousts und anderer, als der er sich bezeichnet. Dass Literatur für Heusch weit mehr ist als der Stoff, den er zu lesen oder zu spielen hat, wuchs über lange Jahre: 1938 in Halle geboren, wo die Mutter ein Engagement als Ballettmeisterin hatte, verlebte er seine Kindheit im Allgäu in der Nähe von Oberstdorf – getrennt von der Mutter. Der Vater, selbst Schauspieler, starb als Soldat. Schon seit dieser Zeit habe er Bücher „gefressen", erinnert sich Heusch, auch die Welt „wie ein Staubsauger" in sich aufgesogen.

Nach dem Abitur studierte er zunächst Kunst in Kassel, es folgte eine Schauspielausbildung in Hannover. Doch die arbeitsreichen Jahre als Jungschauspieler in der Provinz ließen eine Lücke: „Mir fehlte die Zeit zum Lesen." Er begann in Hamburg, Theater- und Literaturwissenschaften zu studieren, bis ihn ein zweites Mal das Schauspielfieber packte. So kam er auch 1970 nach Frankfurt, wo er zum ersten Mal Hausbesetzungen sah und eine neue Form des Theaters erlebte: „Die Mitbestimmung nahm ich ernst und stürzte mich hinein", erinnert sich Heusch. Zwar sei das Theater geblieben, was es war, doch an der heutigen Generation vermisst Heusch das Aufbegehren doch ein wenig.

1973 kam er an sein Traumtheater, die Münchner Kammerspiele. Dort verwirklichte er den Rat, den der große Regisseur Benno Besson ihm gegeben hatte: Er, der beim Spielen „nie aufhören konnte zu denken", führte Regie – und tut es seither immer wieder. Bald schrieb Heusch eigene Stücke, ein Wanderer zwischen künstlerischen Welten. Sesshaft geworden ist er nicht nur bei Proust, sondern auch in Frankfurt: Seit 1986 lebt er in der Stadt, die er für ihre Ehrlichkeit schätzt. Seine Lehrtätigkeit an der Hochschule für Musik und darstellende Kunst hat er abgeschlossen, nun soll das Schreiben Vorrang erhalten. Ein Roman und weitere Theaterstücke sollen entstehen. Doch Proust als roter Faden wird bleiben: An diesem Freitag liest Heusch zum hundertsten Mal im Literaturhaus – und im April beginnt er mit dem sechsten, dem vorletzten Band.

Von Eva-Maria Magel

Bergit Gräfin Douglas

Geld zu spenden ist gut. Noch besser ist es, Einfluss darauf zu nehmen, wie gespendetes Geld verwendet wird. Das hat sich auch Bergit Gräfin Douglas gesagt, als sie vor neun Jahren gefragt wurde, ob sie Vorsitzende des Frankfurter Kinderschutzbunds werden wolle. Also sagte sie zu – ohne zu wissen, dass mit dieser ehrenamtlichen Tätigkeit viel Arbeit verbunden sein würde. „Doch irgendwann wurde sie eine richtige Droge", sagt sie.

Das galt vor allem für die Umwandlung des früheren Pfarrhauses und der benachbarten Orangerie im Günthersburgpark in das neue Zentrum des Kinderschutzbunds. Heute wird es eröffnet. Das „Kinderhaus", in dem auch drei Therapeuten arbeiten, ist größer als die frühere Niederlassung in Bockenheim, und die Orangerie bietet viel Platz für Veranstaltungen. Für die Sanierung der Gebäude hatten die Leser dieser Zeitung Geld gespendet. Und natürlich hat auch Gräfin Douglas einen maßgeblichen Anteil am Gelingen des ehrgeizigen Projekts, allein durch ihre Bereitschaft, auf Menschen zuzugehen und um ihre Hilfe zu bitten.

Daneben kommen ihr in ihrem ehrenamtlichen Engagement aber auch ihre Fähigkeiten als Geschäftsfrau – Gräfin Douglas ist selbstständige Innenarchitektin – zugute: Organisationstalent genauso wie der Wille, Pläne konsequent zu verfolgen. Wie sie erzählt, war dies gerade zu Beginn ihrer Amtszeit gefragt, als „Fundraising" beim finanziell angeschlagenen Kinderschutzbund noch ein Fremdwort war. Dessen Arbeit hält sie für unerlässlich: „Unsere Gesellschaft muss sich für Kinder, die ja ihre Basis bilden, starkmachen." Zu Beginn ihrer Arbeit als Vorsitzende habe sie nicht gedacht, wie viele Kinder unter Gewalt oder Vernachlässigung litten. „Und dafür muss man nicht in sogenannte soziale Brennpunkte gehen."

Die seit 20 Jahren mit Christoph Graf Douglas verheiratete Siebenundfünfzigjährige weiß, was Kindererziehung bedeutet: Sie hat fünf Kinder; zwei hat sie in die Ehe mit dem selbstständigen Kunstberater mitgebracht. Abgesehen von kurzen Pausen nach den Geburten, ist sie immer ihrem Beruf nachgegangen, und an Aufträgen hat es nie gemangelt. „Ich wollte schon immer unabhängig sein und selbst über meine Zeit verfügen." Daher wollte sie auch nicht als Grundschullehrerin – vor ihrer Ausbildung zur Innenarchitektin in London hatte sie ein Pädagogikstudium absolviert – tätig sein.

Was hoher Arbeitseinsatz bedeutet, weiß Bergit Gräfin Douglas schon seit Kindertagen. Schließlich ist sie die Tochter des Industriellen Rudolf August Oetker. Verwöhnt wurden sie und ihre sieben Geschwister jedoch nicht unbedingt, wie man meinen könnte. „Mein Vater war liebevoll, aber sehr streng, viel Geld hatten meine Geschwister und ich nicht." Gelegentlich habe dies in ihrer Jugendzeit die „Lebensfreude" etwas eingeschränkt, „doch ich lebe in Frieden mit meinen Eltern und meiner Erziehung". In Frankfurt lebt sie inzwischen seit 23 Jahren. Hierhin war die damals zweifache Mutter nach ihrem mehrjährigen Aufenthalt in England, wo ihr erster Mann arbeitete, und nach der Scheidung von ihm ganz bewusst gezogen. „Frankfurt ist eine ungeschminkte und keine Schicki-Micki-Stadt", sagt sie, und gerade das hat sie gereizt. „Außerdem hat sich gerade damals viel getan, etwa mit dem Aufbau des Museumsufers." Ein Neuanfang waren jene Jahre nicht nur für die Stadt, sondern auch im Leben von Gräfin Douglas. Damals konnte sie noch nicht ahnen, dass sie einmal einen weiteren Neubeginn maßgeblich mitgestalten würde: den des Frankfurter Kinderschutzbunds.

Von Stefan Toepfer

Dieter Graumann

Als Finanzminister oder Stadtkämmerer wird er noch nicht gehandelt, aber vielleicht kommt das ja noch. Jedenfalls hat Dieter Graumann als Finanzdezernent der jüdischen Gemeinde Frankfurt und des Zentralrats der Juden in Deutschland bewiesen, dass er Haushalte sanieren kann. Der Etat beider Institutionen ist nach Jahren der Defizitwirtschaft dank Graumanns Zahlenkünsten ausgeglichen. Zu etwas müssen ja sein Studium der Wirtschaftswissenschaften, das er in Frankfurt absolviert hat, und die zweieinhalb Jahre Dienst bei der Deutschen Bundesbank gut gewesen sein.

Als Graumann in der Betonburg an der Wilhelm-Epstein-Straße finanzwirtschaftliche Expertisen verfasste, war die Bundesbank noch die Hüterin einer harten Mark, ihre Prognosen galten als biblische Wahrheit, und ihre Ratschläge bildeten den Leitfaden für die Finanz- und Wirtschaftsminister. „Wir machen die Finanz- und Wirtschaftspolitik", sagten Graumann und seine selbstbewussten Kollegen damals von sich.

Aber der vor 53 Jahren in Israel geborene, in Frankfurt aufgewachsene Graumann zog dann doch die Selbstständigkeit dem Beamtentum vor. Erst eine Immobilie, dann zwei, dann drei. Allerdings keine Spekulationsgeschäfte mit dauerndem Kaufen und Verkaufen, der Unternehmer Graumann verwaltet und vermietet solide seinen Besitz.

Ignatz Bubis hat ihn für die jüdische Gemeinde in die Pflicht genommen. 1995 in den Gemeinderat gewählt, vertraute dieses Gremium Graumann sofort die Finanzen, die Kindergärten und die Schule an. So viel Vertrauen hat sich der Dezernent in den vergangenen Jahren erworben, dass er im Mai mit der höchsten Stimmenzahl wiedergewählt wurde, sogar noch vor dem Gemeindevorsitzenden Salomon Korn.

Das Jonglieren mit Etatposten, Zuschüssen und Einnahmen ist für Graumann kein Selbstzweck, sondern dient einzig und allein dem Ziel, den Bestand der Frankfurter Gemeinde und die Zukunft des Judentums zu sichern. Und wer verkörpert Zukunft mehr als Kinder? Um ihnen einen optimalen Start ins Leben zu ermöglichen, hat sich Graumann an vorderster Front für die Einrichtung einer Ganztagsschule im Philanthropin eingesetzt. Das neue Philanthropin soll an das alte, von den Nationalsozialisten aufgelöste Philanthropin, die weltberühmte jüdische Lehranstalt im Nordend, anknüpfen. Und weil Graumann gegen Ghettobildung ist, wird die Schule auch Nichtjuden aufnehmen.

Wer übrigens im Morgengrauen am Dornbusch zu tun hat, könnte Graumann über den Weg laufen, der jeden Tag um 6 Uhr joggt – was sich für den Vorsitzenden des Sportclubs Makkabi wohl gebührt. Abends dagegen sollte man den leidenschaftlichen Leser Graumann nicht bei der Lektüre seines Lieblingsautors Leon de Winter stören. Den will der Kulturdezernent Graumann nächstens zur Lesung in die jüdische Gemeinde holen, so wie er schon zahlreiche andere Schriftsteller ins Gemeindezentrum gebracht hat. Das Amt des Kulturbeauftragten hat Graumann übrigens von Michel Friedman nach dessen unrühmlichem Abgang übernommen. Graumann ist einer der wenigen Freunde des Gestrauchelten, der diesen damals in Schutz genommen hat. Das spricht zusätzlich für ihn.

Von Hans Riebsamen

Susi Bär

Es ist nicht jedermanns Sache, sich auf eine Bühne zu stellen, mit dem Mikrofon in der Hand Käufer anzulocken und außergewöhnliche Kleidungsstücke anzupreisen. Schon gar nicht, wenn es sich bei den Kleidern um Abendroben oder Pelzmäntel schon länger vergangener Modeepochen handelt. Susi Bär scheint das keinerlei Schwierigkeiten zu bereiten, und sie schafft es auch noch, Abnehmer für ganze Umzugskartons voller Röcke in verschiedenen Größen zu finden – „ist doch eine originelle Geschenkidee für die nächste Party". Freilich, bei fünf Euro je Kiste ist das in jedem Fall ein Schnäppchen, selbst wenn nur ein Teil dabei ist, das gefällt und passt. Vor allem ist es ja schließlich auch noch für einen guten Zweck. Denn es ist die Bühne des Dominikanerklosters, auf der sich Susi Bär als Verkäuferin beim „Pfennigs-Basar" für die Multiple Sklerose Gesellschaft und den Hospizverein ins Zeug legt. Und man kann sich die Fünfunddreißigjährige mit blondem Pferdeschwanz und verschmitztem Lächeln gut vorstellen, wie sie zum Abendessen bei Freunden erscheint und statt Blumen ein Überraschungspaket mit Röcken oder Blusen überreicht.

Der Umgang mit Kisten ist der Speditionskauffrau schließlich von Hause aus vertraut – seit mehr als zehn Jahren arbeitet sie im Umzugsunternehmen Fermont mit, das ihrer Familie gehört. Nach der Schulzeit in Frankfurt hatte sie zunächst bei Fuhrunternehmen in München und Hamburg gelernt, anschließend Praktika bei Speditionen in New York und Toronto absolviert. Ihr

Interesse galt dabei besonders dem Marketing und den Kunsttransporten. Dies sind auch die Schwerpunkte ihrer Arbeit in dem Fuhrunternehmen, das 150 Mitarbeiter im Rhein-Main-Gebiet beschäftigt. Engagement in den nationalen und internationalen Verbänden der Branche ist für sie ebenso selbstverständlich wie bei der Frankfurter Industrie- und Handelskammer. Selbst einen Lastwagen lenken dürfte Bär allerdings nicht, denn dazu fehlt ihr die Fahrerlaubnis. Den notwendigen Führerschein zu machen hätte damals rund 10 000 Mark gekostet, zuviel für etwas, das man nicht wirklich brauche, habe ihr Vater seinerzeit beschlossen. Ans Steuer der Lastwagen traut sie sich dennoch – wenn auf dem Firmengelände rund um die ehemaligen Polizei-Pferdeställe in Rödelheim rangiert werden muss.

„Wir packen's!" lautet der Werbeslogan des Unternehmens, und er passt bestens zu Susi Bär. Schwierigkeiten in der Männerwelt des Fuhrgewerbes kennt sie nicht. Ihre Mutter Sigrid hat als langjährige Geschäftsführerin die nötige Vorarbeit geleistet. Dass sie als jüngste von drei Töchtern in das vor 111 Jahren gegründete Unternehmen einsteigen würde, sei eigentlich immer klar gewesen, sagt sie – als wäre es der Wunschtraum eines jeden Mädchens, Automechanikerin zu werden.

Das Unternehmen durch eine wirtschaftlich nicht eben leichte Zeit zu steuern, sieht sie als Herausforderung, sucht nach Lösungen für bessere Transportwege und Verpackungsmaterialien. Viel Freizeit lässt das der jungen Frau, die ihren Familienstand mit „ledig (vergeben)" angibt, nicht. Entspannung findet sie bei Spaziergängen durch Frankfurt, ihrer Heimatstadt, für die sie sich immer aufs Neue begeistern kann.

Von Patricia Andreae

Willy Praml

Fest angestellt an der Frankfurter Fachhochschule und zugleich Leiter einer freien Theatergruppe, braucht Willy Praml auf soziale Sicherheit nicht zu verzichten, um der Muse Thalia zu dienen. Als Dozent am Fachbereich für Sozialarbeit und Gesundheit bildet er Studenten für Kulturarbeit und Theater aus, als Regisseur bevölkert er die Naxoshalle in Bornheim mit Tarzan und den Nibelungen oder mit Hartz-IV-Betroffenen im Namen Schillers. Für den Herbst will er noch den Medea-Stoff bearbeiten, bevor es in der stillgelegten Fabrik zu kalt wird und die Stadt das kostspielige, denkmalgeschützte Bauwerk womöglich als Abstellraum an eine Gebäudereinigungsfirma vermietet.

Praml fühlt sich seit fünf Jahren zu Hause in dieser ausgedienten Arbeiterstätte. Schließlich hatte er als Theatermacher in der Arbeiterbildung begonnen. 1941 im bayrischen Landshut als Sohn eines Metzgermeisters geboren, lernte er schon in der Gastwirtschaft seiner Eltern die Schauspieler des benachbarten Stadttheaters kennen, die vom Vater mit Würsten versorgt wurden. Doch der Erzeuger wollte seinen Ältesten nicht auf der Bühne sehen, sondern am Altar. Also wurde Praml mit 11 Jahren ins Internat der Pallotiner gesteckt, die ihn wiederum auf die Schule nach Freising schickten. So lernte der Schüler das theatrale Element der katholischen Liturgie schätzen, den Kinderchor im Kloster, das Schultheater und die Oper im nahen München.

Als er nach dem Abitur die Aufnahmeprüfung an der Otto-Falckenberg-Schauspielschule machen wollte, versagte ihm der Vater die Unterschrift. Also studierte Praml Geschichte, Geographie und Germanistik an der Münchner Universität, um Lehrer zu werden, und widmete sich nebenbei der emanzipatorischen Theaterarbeit reformpädagogischer Provenienz im Bund Deutscher Pfadfinder. Nach dem Staatsexamen 1968 experimentierte er als dessen Bundesreferent für musische Bildung mit Deutschen und Franzosen nach den ästhetischen Vorgaben von Brecht, Artaud und Grotowski. 1971 wechselte er an die hessische Jugendbildungsstätte in Dietzenbach.

Dort arbeitete Praml zehn Jahre lang mit Lehrlingen auf der Bühne. Nicht nach dem agitatorischen Muster der zwanziger Jahre, sondern indem er in das komplexe Leben der Arbeiter eindrang und es ins Theater einbrachte. Dann fand er Zugang zu den Arbeitern der Hoechst AG und versuchte sich weitere zehn Jahre mit einem Modell-Projekt über „Leben im 19. und Arbeiten im 20. Jahrhundert“, das von der Bundesregierung gefördert wurde. Mit den Hoechst-Arbeitern in dem Dorf Brechen inszenierte er riesige Spektakel, bis ihn die Mitspieler über einem Konflikt um das unflätige „Bauernsterben“ von Franz Xaver Kroetz verließen. Aus den erträumten hessischen Volksschauspielen nach dem Tiroler Vorbild in Telfs wurde also nichts.

Inzwischen war Praml längst nach Frankfurt gezogen. Hier gründete er nun seine eigene, nach ihm benannte Theatergruppe. Nach ersten Kostproben im Gallustheater, im Mousonturm und an unkonventionellen Spielorten wie Tiefgaragen und Hafenschmieden führte er 1994 zur 1200-Jahr-Feier der Stadt mit zehn Profis und weiteren Kultur-Enthusiasten den gesamten „Faust“ in der Paulskirche auf. Seitdem ist er aus der Frankfurter Theaterszene nicht mehr wegzudenken.

Von Claudia Schülke

Burkhard Custodis

Seine Kunden dürfen sich geschmeichelt fühlen, denn Burkhard Custodis sagt: „Ich koche nur für nette Leute." Andere würden ihn vielleicht einen Caterer nennen, doch diese Bezeichnung mag er nicht, sie klingt ihm zu mechanisch, er nennt sich lieber einen „kochenden Butler". In der Tat: Wenn Burkhard Custodis ein Haus betritt oder für einen Kunden eine große Feier ausrichtet, vermittelt er das sichere Gefühl, es werde schon alles klappen. Das tut es auch. Custodis ist nicht nur ein ausgezeichneter Koch, sondern auch ein zupackender Organisator mit Improvisationstalent und Chaosbewältigungsübung.

Für den Sohn eines Chemiefacharbeiters – am 10. September 1951 als jüngster von drei Brüdern in Offenbach geboren – stand der Berufswunsch früh fest: Der Blick in die Küche des Offenbacher Hotels Kaiserhof mit Feuerschein hatte es ihm nachhaltig angetan. In der Lehrzeit im Restaurant „Alt Kopenhagen" in der Frankfurter Steinwegpassage wurde er mit der gehobenen Küche vertraut, anschließend zog er bei der Bundeswehr mit dem Küchenwagen ins Manöver. Es folgten acht Jahre im elterlichen Betrieb seiner Frau Christel, die er als Sechzehnjähriger in der Berufsschule kennengelernt und mit 21 geheiratet hatte. Hier in der Großküche, wo täglich 4000 Essen für Fabriken und Kindergärten gekocht wurden, kam er ins Schwitzen, als er zum ersten Mal 500 Liter Suppe abschmecken musste.

Kleiner und feiner ging es da schon im „Baron de la Mouette" zu, dem damaligen Edelrestaurant im Frankfurter „Mövenpick" mit illustrer Kundschaft, zu der auch jene feine Dame mit dem teuren Schmuck zählte, die sich später als Besitzerin der Achterbahn auf der Dippemess' erwies. Zwei Jahre betrieb Custodis dann in der BfG-Ladengalerie ein Fischgeschäft mit kleinem Lokal. Hier war es auch, dass Gäste gelegentlich fragten, ob er ihnen nicht auch einmal daheim etwas kochen könne. Von da an begann seine Laufbahn als „Koch frei Haus". So sorgt er seit zwanzig Jahren dafür, dass Geschäftsführung und Gäste im Bankhaus Metzler etwas Ordentliches auf den Tisch bekommen. Seine Kochkünste sprachen sich herum. Heute bekocht er die halbe gute Gesellschaft der Stadt, die Liste seiner Kunden liest sich wie ein „Who's who". Sie freuen sich, mit ihm zu tun zu haben, nennen ihn „Custi", schätzen sein Können und seine fast immer gutgelaunte, freundliche Art. Übrigens kocht er sogar in seiner Freizeit. Die Doppelgarage in seinem Garten ist halb zur Küche, halb zum Esszimmer ausgebaut. Da kann es bei einem sommerlichen Abendessen schon mal vorkommen, dass die Frankfurter Oberbürgermeisterin neben ihrem Offenbacher Amtskollegen Grandke sitzt.

Sechzehn Jahre lang hat Custodis beinahe nebenbei auch noch das „Bettina-Eck" im Schatten der DG-Bank im Westend betrieben – auch das ein gastronomischer Geheimtipp mit bald großer Anziehung. Als er zum Ausstand ein Fest gab, kam eine große Zahl trauriger Stammgäste. Custodis möchte seine Zeit in dem hübschen Restaurant mit dem kleinen Sommergarten nicht missen, aber heute ist er „noch zufriedener", vor allem weil er keine Personalprobleme mehr hat.

Heute beschäftigt er nur noch zwei Köche und eine Spülerin, denn seine Küche steht im Gemeindehaus der katholischen Pfarrei Sankt Pankratius im idyllischen Offenbach-Bürgel. Hier kocht er für den Kindergarten und Gemeindefeste, hier entstehen aber auch die Buffets und Kanapees, die Gänsebraten und Gänseleberkompositionen, die er an seine Kunden liefert – mit Verve, guter Laune und der Zufriedenheit dessen, der liebt, was er tut.

Von Peter Lückemeier

Rüdiger von Rosen

Rüdiger Freiherr von Rosen zählt am Finanzmarkt Frankfurt zu den unverwechselbaren Akteuren. Das liegt nicht nur an seinem ironisch eingefärbten Kommunikationstalent, sondern auch an einem breiten Interessenspektrum, das mit Geldmarkt, internationalen Beziehungen, Bergsteigen, moderner Kunst oder Aktienakzeptanz längst nicht erschöpft ist. Das geschäftsführende Vorstandsmitglied des deutschen Aktieninstituts ist zwar ein unermüdlicher Kämpfer und Werber für den deutschen Kapitalmarkt und die Aktienkultur, doch Geldanlage ist wahrhaft nur eines seiner Themen.

Geboren wurde Rosen am 21. Juni 1943 in Grocholin in der Provinz Posen, wo der Vater 1931 ein Familiengut übernommen hatte. Die Mutter floh bei eisigen Temperaturen mit den sechs Kindern in den Westen, die Familie landete in der Wetterau, der Vater baute sich dort eine neue Existenz auf. Rüdiger von Rosen machte nach dem Abitur eine Banklehre, verließ die Bundeswehr als Leutnant, studierte in Frankfurt Betriebswirtschaft und wurde mit einer Arbeit über den zentralen Kapitalmarktausschuss promoviert.

Bald darauf nahm seine Karriere eine entscheidende Wende, er wechselte zur Bundesbank – zunächst als Assistent Otmar Emmingers, bald darauf Karl Otto Pöhls. 1980 wurde von Rosen Leiter des Präsidentenbüros, 1984 Pressechef. Pöhl ist bis heute sein Held geblieben. Rosen schätzt nicht nur die Sachkunde, sondern auch den Humor und die Fairness des langjährigen Bundesbankpräsidenten. Als Hauptabteilungsleiter hatte von Rosen in recht jungen Jahren die Endstufe einer ordentlichen Bundesbank-Laufbahn erreicht – Zeit für neue Herausforderungen.

Die fand er 1986 an der Spitze der Geschäftsführung der Arbeitsgemeinschaft deutscher Wertpapierbörsen. Damals war die deutsche Börsenlandschaft zerklüftet und reformbedürftig, es galt, die acht deutschen Wertpapierbörsen neu zu organisieren und mit einer Stimme sprechen zu lassen. Rüdiger von Rosen kann bei dieser Aufgabe nicht ganz ohne Erfolg geblieben sein, denn er wurde Vorstandssprecher der in eine Aktiengesellschaft umgewandelten Frankfurter Börse. Heute macht er keinen Hehl daraus, dass er 1993 seine Ablösung (durch den inzwischen abgelösten Werner Seifert) als nicht besonders angenehm empfand, er hat sich aber in seine neue Aufgabe längst mit Leidenschaft eingefunden: An der Spitze des deutschen Aktieninstituts ficht er nach innen und nach außen gegen Regulierungssucht, für den Finanzplatz Frankfurt, für die Aktie als Geldanlage. Dies tut er in nationalen und internationalen Gremien, in zahlreichen Vorträgen, Interviews, Broschüren, Gastartikeln und Büchern.

Scheinbar nebenher ist das Energiepaket mit den beim Lachen zuckenden Schultern Gründungspräsident des Lions-Clubs Frankfurt Am Leonhardsbrunn, Honorarkonsul von Lettland, Schatzmeister der Gesellschaft der Freunde der Alten Oper. Er ist Ehrendoktor der Universität Kiew, hat seit vielen Jahren einen Lehrauftrag an der Frankfurter Universität und hat sich den Titel „Professor" verdient. Der Vater von fünf Kindern entspannt beim Erklimmen richtig hoher Berge in Tibet, Nepal oder Afrika und sagt mit Überzeugung: „Ich bin dankbar für ein sehr spannendes Leben voller Möglichkeiten."

Von Peter Lückemeier

Johannes Ernst

Der Tag geht, Johnny Walker kommt. Der Werbe-Klassiker lässt sich auf kaum jemanden so trefflich übertragen wie auf Johannes Ernst. Stets nach den Normen des britischen Gentleman gekleidet, von vollendeter Höflichkeit und mit viel Sinn für Humor ist er fast überall dort unterwegs, wo sich die Gesellschaft trifft – das allerdings nicht unbedingt erst abends, sondern gern auch schon zur Matinee, zum Lunch oder Tee. In der winterlichen Hochsaison jagt ein Einladungstermin den nächsten, hängen Samtkragenmantel und Seidenschal an einem Tag gleich an diversen Garderoben. Eloquente Junggesellen mit badisch heiterer Ausstrahlung gehören halt zur beliebtesten Sorte von Gästen.

Um Gesprächsstoff ist Johannes Ernst, der all diese Veranstaltungen nicht allein zu seinem persönlichen Vergnügen besucht, nie verlegen. Ob Festspiele hier oder Ausstellungen dort, aber auch die jüngsten Feste und Empfänge liefern Stoff zum Schwärmen, wie „unbeschreiblich" es eben hier und wie „großartig" es dort war. Schlichte Dinge sind seine Sache nicht. Kein Wunder, beschäftigt er sich doch von Berufs wegen mit dem Schönen und Außergewöhnlichen: als, wie es so schön international heißt, Art Consultant – Mittler zwischen Käufern und Verkäufern in Sachen Kunst und Antikem.

Dass die Beschäftigung mit alten Dingen einträglich sein kann, erlebte der Waldorfschüler schon in seinem Freiburger Elternhaus, wo er in einer kleinen Kammer sein „Museum" mit einem alten Bügeleisen und einem Grammophon begründete, die er gern gegen Gebühr den Gästen der Eltern zeigte. Weil er auch noch mancherlei Trödel geschenkt bekam, begann er zu tauschen und früh allerhand über Alter und Wert solcher Objekte zu erfahren. Vertieft wurde dieses Wissen schließlich durch ein Praktikum in einer Restaurationswerkstatt und die Lehre im Stuttgarter Auktionshaus Nagel, wo er anschließend als staatlich geprüfter Kunsthändler arbeitete. Es folgte 1980 das Angebot, zu Sotheby's nach München zu wechseln, zwei Jahre später übernahm er die Leitung des Hamburger Büros. 1985 zog er als Chef der Frankfurter Repräsentanz des britischen Auktionshauses an den Main. Mit der dortigen Arbeit wuchs sein Netzwerk. Vor fünf Jahren dann machte Ernst sich selbstständig. Er berät weiterhin Sammler, egal ob sie kaufen oder verkaufen möchten, oder hilft Erben, die Schätze der Vorfahren richtig zu bewerten und vielleicht zu Geld zu machen. Dafür arbeitet er mit Sachverständigen, Restauratoren und verschiedenen Auktionshäusern zusammen, nutzt seine Kontakte, um Käufer für kleine Porzellanfiguren oder große Gemälde, barocke Möbel oder moderne Skulpturen zu finden. Das ist sein Broterwerb.

Besonders glücklich aber macht es ihn, wenn die vermittelten Stücke nicht von einer privaten Vitrine in eine andere wechseln, sondern ihren Platz im Museum finden. So freut er sich besonders, dass der „Wald der Skulpturen" aus der Sammlung seines vor Kurzem gestorbenen Freundes, des Schweizers Simon Spierer, im Darmstädter Landesmuseum eine Heimat hat. Johannes Ernst ist stets unterwegs, wo sich kunstsinnige Menschen treffen. Und man glaubt ihm gern, wenn er sagt, dass er seinen Beruf so sehr mag, weil er die Menschen liebt.

Von Patricia Andreae

Matthias Jenny

Einem seiner Wunschträume rückt Matthias Jenny nun ein kleines Stück näher. Vom 24. November an bis Ende Februar werden durch die Galerie am Palmenhaus Schmetterlinge aus Asien, Amerika und Afrika fliegen. Und dieses hautnahe Erleben der bunten Insekten verweist auf ein Projekt, mit dem der Palmengartendirektor seit Jahren liebäugelt: Ein „Merianhaus" hätte er gern, in dem fast wie in der Natur Insekten, Vögel und die Blühpflanzen, die sie bestäuben, zusammenleben.

Der 1952 in Arosa geborene Arztsohn scheint von Jugend an ein gewisses Talent dafür gehabt zu haben, seine Mitmenschen für die Natur zu interessieren – und für deren Gestaltung. Denn dass es ein künstliches, menschengemachtes Paradies ist, dem er seit fast zehn Jahren vorsteht, kann der Botaniker, der in Zürich promoviert wurde und sich in Berlin habilitierte, natürlich keinen Augenblick ignorieren. Insofern war der Weg des Biologen, der täglich vergessen machen lassen will, dass es sich beim Palmengarten um ein „städtisches Amt" handelt, überaus folgerichtig.

Im Garten seines Elternhauses in Baden bei Zürich hat er schon als kleiner Junge verwirklicht, was damals noch nicht im Miniaturformat jeden Vorgarten schmückte: ein Feuchtbiotop. Nicht ganz allein versteht sich. Bei acht Geschwistern hatte er ausreichend Helfer, die seinen Wunsch erfüllten. Jenny, der stets zurückhaltend auftritt und nie vergisst, all jenen „Palmengärtnern" zu danken, die oft im Hintergrund neue Bepflanzungen und Ausstellungen gestalten, versteht es offenbar zu motivieren. Und als Spross einer Großfamilie ist ihm Teamarbeit ein Begriff. Als er Ende 1996, nach nur wenigen Monaten als stellvertretender Direktor und wissenschaftlich-pädagogischer Abteilungsleiter, urplötzlich die Verantwortung für den Garten übernehmen musste, weil seine Vorgängerin Isolde Hagemann wegen ihrer Stasi-Vergangenheit zurücktrat, war er in dieser schwierigen Zeit auf die Hilfe aller Mitarbeiter angewiesen – und hat gelernt, auf deren Kompetenz und Hilfe zu vertrauen: Denn vieles war ihm, elterlicher Garten hin, Wissenschaft her, nicht geläufig. Eine erste Aufgabe war, die Sanierung des denkmalgeschützten Palmenhauses fortzuführen, was ihm viel Lob einbrachte. Er wird auch damals schon auf seine ganz eigene Art bescheiden gelächelt und den Dank weitergegeben haben.

Heute versucht er, mit noch knapperem Geld und weniger Personal sein Kleinod stets neu zu präsentieren – und das Gesellschaftshaus harrt einer Erlösung aus dem Dornröschenschlaf. Mag sein, dass er sich manchmal in die Wüste zurückwünschte, deren Vegetationszyklus er untersuchte, in aller Ruhe und Stille der Forschung zugewandt, selten umgeben von Menschen. Der Palmengarten, den Jenny als Kulturort versteht, der auch den Künsten und der von ihm geliebten Musik Raum bietet, ist dagegen ein turbulenter Betrieb. Doch der Direktor, dem es nicht nur um die Pflanzen, sondern stets auch um die Menschen zu tun ist, hat nicht nur den grünen Daumen, sondern auch dafür die richtige Hand: Für kurze Zeit war er in der Schweiz Biologielehrer. Nun kann er am schönsten Arbeitsplatz der Stadt nicht nur das Wissen um die Pflanzen, sondern auch den Genuss der gestalteten Natur vermitteln.

Von Eva-Maria Magel

Eberhard Kramer

Ein kurzes Zögern, dann nickt er. Eberhard Kramer hat, wie er sagt, bisher wenig über seine Wirkung auf andere nachgedacht. Die Haltung stets korrekt, bedächtig die Wortwahl, klar die Gedankenführung – manchem kommt das etwas preußisch vor. „Warum eigentlich nicht“, sagt der Präsident des Frankfurter Landgerichts und lächelt sein warmherziges Lächeln, „wenn die Tugenden gemeint sind.“ Man merkt, er fühlt sich wohl an seinem Platz, oder wie er es formulieren würde: „Die Arbeit hat mir immer Freude gemacht.“ In der Sache aufzugehen, sich selbst zurückzunehmen – Eberhard Kramer verkörpert Pflichtbewusstsein wie wenige im nicht uneitlen Justizbetrieb.

Sich dem Recht zu verschreiben hat in seiner Familie Tradition. Der Vater war stellvertretender Regierungspräsident in Trier, die Familie zog seiner Karriere wegen aus Berlin an die Mosel. Weil seine Mutter von dort stammte, machte Kramer in Österreich Matura. Es sei für ihn keine Frage gewesen, auch Rechtswissenschaften zu studieren. Dass bei gesellschaftlichen Empfängen manch einer nicht weiß, wo der schlanke große Mann im gutsitzenden Anzug „hingehört“, damit kann der Dreiundsechzigjährige leben. Er arbeitet daran, die Diskrepanz zwischen öffentlicher Wahrnehmung und Bedeutung der Rechtsprechung abzubauen. Gelegentlich referiert er deshalb darüber, wie sehr die Justiz zum Alltag gehöre und für die Menschen da sei. Als Vorsitzender einer Zivilkammer ist ihm der Kontakt zu den Rechtsuchenden geblieben. „Gute Justiz kostet Zeit“, lautet sein Credo.

Zunächst ist der Präsident eines der größten Landgerichte in Deutschland aber Organisator und Chef. Sein Werdegang hat ihn für die Aufgabe prädestiniert: 1973 holte man den jungen Zivilrichter, der beide Examina mit Prädikat absolviert hatte, ins Ministerium nach Wiesbaden. Was nach Kramers damaliger Vorstellung vielleicht ein Jahr dauern sollte, mündete in eine klassische Ministeriallaufbahn: Haushaltsreferent, stellvertretender Leiter der Abteilung Justizverwaltung, Leiter der Gruppe Personalwesen.

Eberhard Kramer erinnert sich noch an das Grummeln unter den Richterkollegen, als er im Februar 1985, noch nicht 43 Jahre alt, zum Vizepräsidenten des Oberlandesgerichts berufen wurde. Aber damals verstummten die Nebengeräusche schnell, der vermeintliche Karrierist bewies, dass er ein versierter Verwalter war. Effektivität steht oft im umgekehrten Verhältnis zur öffentlichen Wahrnehmung – um Kramer wurde es in diesem Sinne still. Ganz im Gegensatz zu seinem Vorgesetzten, dem damaligen Präsidenten des OLG, Horst Henrichs. Dessen Gewerkschaftsaffäre und späteren Abgang erlebte Kramer allerdings Ende 1997 schon aus kollegialer Perspektive: 1991 ins Ministerium als Leiter der Abteilung Justizverwaltung zurückberufen, trat er im April 1996 das Amt des Landgerichtspräsidenten an.

Das bewegte Berufsleben kontrastiert zu seiner gelassenen Art. Entspannung findet Eberhard Kramer, Vater zweier erwachsener Töchter, auf Radtouren mit seiner Frau. Allerdings hält er nichts von Rundum-Sorglos-Paketen, bei denen das Gepäck ins nächste Hotel chauffiert wird. Wenn schon, dann richtig, mit dem Nötigsten in Radtaschen. Und mit ganz viel Kultur am Wegesrand. Alles habe mit den Schlössern der Loire angefangen, erzählt er – und plötzlich gerät der Präsident ins Schwelgen.

Von Helmut Schwan

Klaus-Peter Müller

Über den Monitor seines Computers läuft fortwährend der Schriftzug „It's possible!“ In der Tat: Klaus-Peter Müller säße nicht im 48. Stock des Commerzbank-Turmes mit dem sagenhaften Ausblick, glaubte er nicht an die Kraft solcher Autosuggestion. Eine Karriere wie seine wäre heute kaum noch denkbar: ohne Studium an die Spitze der Commerzbank. Der Slogan „It's possible“ lässt sich auch auf den Weg dieser Großbank münzen, seitdem der Rheinländer an ihrer Spitze steht: Sein Haus ist wieder auf Erfolgskurs und seit der Übernahme der Eurohypo unter den deutschen Großbanken die Nummer zwei. Müller will sich den Erfolg aber keinesfalls an seine Fahnen heften, alles reines Mannschaftsspiel, sagt er, im Vorstand hätten Menschen zusammengefunden, die teamorientiert arbeiteten, und wenn ihm überhaupt ein Verdienst zukomme, dann allenfalls seine „glückliche Hand“, auf allen Ebenen die richtigen Leute für die Bank zu gewinnen. So unprätentiös der erste Mann der Commerzbank in der Vorstandsetage in seinem übrigens nicht übermäßig großen Büro auftritt, tut er es auch in der Stadt. Man sieht ihn häufiger als andere Großbanker hier auch bei gesellschaftlichen Anlässen – in den Mittelpunkt drängt er sich dabei nicht. Seine Verbundenheit mit der Region drückt sich auch darin aus, dass er das Waldstadion mit dem Namen seiner Bank verband.

Klaus-Peter Müller ist am 16. September 1944 im Eifel-Dorf Duppach geboren und in Düsseldorf als Spross einer alteingesessenen bürgerlichen Familie mit sechs Geschwistern aufgewachsen. Sein Vater Peter war (ehrenamtlicher) Bürgermeister und Oberbürgermeister von Düsseldorf, ehe er in Hameln das Beamtenheimstättenwerk BHW leitete. Wie der Vater steht Müller der CDU nahe, er schätzt Helmut Kohl und hat „schon manchen Rat bei ihm eingeholt". Und er gehört zu einer Gruppe von Unternehmern und Managern, die Roland Koch berät („Ich teile viele seiner Auffassungen").

Dem in Bad Homburg lebenden Vater einer erwachsenen (erfolgreichen) Tochter sind Frankfurt und das Rhein-Main-Gebiet inzwischen so ans Herz gewachsen, dass seine Frau und er auch in drei Jahren nach der Pensionierung hier bleiben werden. Positiv gestimmt, wie er ist („Für Deutschland kann ich schwärmen"), schätzt er an Frankfurt die Überschaubarkeit, das kulturelle Angebot und die Präsenz der Universität.

Der Mann mit den lebhaften dunklen Augen und dem ungekünstelten Lachen ist nicht stolz darauf, keine Universität von innen gesehen zu haben, aber er gibt zu, dass der harte Weg von unten nach oben für einen „zusätzlichen Schuss Adrenalin" sorgte. Dass er auf diesem Weg den Ehrgeiz zu seinem ständigen Begleiter machte, wird klar, wenn er von seiner Zeit als junger Trainee in New York erzählt: „Da habe ich sechs Monate durchmalocht." Unverständnis und Verblüffung schwingen dagegen mit, wenn er sagt: „Neun von zehn intelligenten Leuten haben keinen Karriereplan." Eine Karriere wie die seine aber, fast 40 Jahre beim selben Arbeitgeber – ist die nicht irgendwie langweilig? Das widerlegt Müller durch einfaches Aufzählen: die Filiale in New York gegründet, das zentrale Firmenkundengeschäft geleitet, die Commerzbank nach der Wiedervereinigung im Osten reanimiert, intensiv die Welt bereist, interessante Menschen kennengelernt von George Bush bis Boris Jelzin, nebenbei sogar noch Zeit gefunden, als Schatzmeister des Wilhelm-Lehmbruck-Museums in Duisburg sich mit moderner Kunst zu befassen. Tatsächlich: Der Power-Mann aus dem 48. Stock hat viel erlebt, viel erreicht und wird auch bis zum Ruhestand die Hände nicht in den Schoß legen: It's possible.

Von Peter Lückemeier

Anne-Marie Steigenberger

Anne-Marie Steigenberger musste früh selbstständig werden. Behütet in Baden-Baden aufgewachsen, zieht sie mit ihrer Familie ins polnische Lemberg, wo der Vater, ein Anwalt, als Leiter der inneren Verwaltung eingesetzt wird. Fünfzehn ist sie, als 1944 der Vater, sein Chauffeur und sein Sekretär von einem ukrainischen Partisanen auf offener Straße erschossen werden. Die Mutter zieht mit Anne-Marie und ihrem Bruder zurück nach Baden-Baden, dort teilen sie sich ihr Haus mit zugewiesenen Flüchtlingen. Der Krieg, sagt Anne-Marie Steigenberger, habe sie tief geprägt. Vor allem hat das Überstandene sie dankbar für alles Positive gemacht: „Wenn ich morgens durch meinen Garten gehe, denke ich: Mensch geht es mir gut."

In der Tat hat sie Anlass zur Dankbarkeit: sechs Kinder, zwölf Enkel und eine Lebensliebe zu ihrem Mann Egon Steigenberger. Ihn kennt sie aus Baden-Badener Sandkastentagen, später als junge Frau, als sie schon verheiratet ist und zwei Kinder hat, trifft sie die Liebe wie der Blitz. Sie lässt sich scheiden, heiratet Egon Steigenberger, wird mit ihm vier Kinder haben.

Egon hat von seinem Vater Albert sieben Hotels geerbt, als Egon Steigenberger stirbt, sind es 28 geworden. Die Frau an seiner Seite begleitet diesen Aufstieg, ist nie im operativen Geschäft tätig, aber ihr Mann erzählt ihr alles, „er hat nie was entschieden, ohne es mit mir zu besprechen", vor allem ihr Urteil über Menschen ist ihm wichtig. Egon Steigenberger, zurückhaltend bis zur

Schüchternheit, sucht die Nähe seiner Frau, kapselt sich ab, bisweilen auch in der Familie. Das harmonische Zusammenleben der beiden findet ein Ende durch seine Krebskrankheit. Seinen Tod empfindet sie als Schock: „Ich hatte lange genug Zeit, mich darauf vorzubereiten, aber als er starb, war ich völlig orientierungslos."

Doch neben die Trauer tritt ein neues Gefühl der Verantwortung. Es beginnt eine Lebensphase, von der Anne-Marie Steigenberger heute sagt: „Ich habe mich emanzipiert." Mehr als einmal bekommt sie, die Testamentsvollstreckerin ihres Mannes, von Mitgliedern des Vorstands gesagt: „Das kannst du nicht, das verstehst du nicht." Doch das spornt die Frau, die in den siebziger Jahren zwei Boutiquen in Frankfurt und eine in Bad Reichenhall eröffnet hatte, nur noch mehr an, sich einzuarbeiten, auch ins Detail zu gehen. Wenn sie heute von dieser Phase erzählt, bekommt sie noch immer etwas Stählernes. Sie fühlt sich verantwortlich für den Konzern, weil er das Lebenswerk ihres Mannes ist. Erfolglos kann sie dabei nicht gewesen sein, der Steigenberger-Gruppe geht es gut, sie wird geführt von Managern, aber behütet von der Familie.

Mit den Jahren ist die schmale Frau, die sich mit regelmäßiger Gymnastik fit hält, eine enthusiastische Frankfurterin geworden, die nicht nur von der Stadt schwärmt, sondern auch hier wohnt. Und sich engagiert, zum Beispiel lange im Patronatsverein der Oper, im Beirat der Eintracht, im Verein zur Förderung der Tafelkultur. Anne-Marie Steigenberger nimmt rege teil am Frankfurter Gesellschaftsleben, als Gast wie als Gastgeberin. Neben ihrer Arbeit widmet sich die Perfektionistin ihrem großen Garten mit Treibhaus und vielen eigenen Setzlingen. Wer sich mit ihr unterhält, was man mit Vergnügen wie Tiefgang tun kann, hat mit einer jung gebliebenen Dame gesprochen.

Von Peter Lückemeier

Axel Honneth

Als Sozialromantiker versteht er sich nicht. Aber bestimmte „Bilder geglückter Gesellschaftlichkeit" schweben ihm schon vor. Etwa jene Szene aus Peter Weirs Film „Der einzige Zeuge", in der eine Amish-Gemeinde gemeinsam eine Dorfschule baut. „Das ist gelungene Kooperation", sagt Axel Honneth. Der Sozialphilosoph von der Goethe-Universität hält den Individualismus zwar nicht für einen Holzweg westlichen Denkens, sondern eher für eine „Schicksalsmacht der Moderne", aber er fühlt sich eben doch der Traditionslinie Rousseau-Hegel-Weber-Lukács-Simmel verpflichtet und deren gegenwartskritischem Blick. Nur dass Honneth nicht nostalgisch auf ein goldenes Zeitalter zurückblickt, sondern auf eine Zukunft mit „egalitären Anerkennungsverhältnissen" hofft.

Sein „Anerkennungsbewusstsein" hat biografische Wurzeln. 1949 in Essen als Sohn eines Arztes geboren und behütet aufgewachsen, lernte Honneth auf einem Reformgymnasium Mitschüler aus Bergarbeiterfamilien und deren existentielle Alltagsnöte kennen. „Wir schämten uns wechselseitig: Die einen ihres Reichtums, die anderen ihrer Armut", erinnert er sich. Theater, Oper und Literatur haben ihn schon früh begeistert. Er las Wilder, Williams, Steinbeck und die Beat-Poesie und ging nach einer Sartre-Phase zu Böll, Walser und Handke über. Dennoch belegte er Germanistik nur als Nebenfach, als er 1969 in Bonn mit dem Philosophiestudium begann.

Nach drei Semestern wechselte der Jungsozialist, der den revolutionären Tendenzen seiner Kommilitonen skeptisch gegenüberstand, nach Bochum und vom Nebenfach Psychologie zur Soziologie. Der Soziologe Urs Jaeggi holte ihn 1974 an die Freie Universität Berlin. Inmitten „überspannter Splittergruppen" versuchte Honneth als wissenschaftlicher Assistent eine Gratwanderung zwischen Rückzug und Engagement. 1982 promovierte er über „Foucault und die kritische Theorie". Schon kurz davor hatte der passionierte Habermasianer ein „glückliches und einschüchterndes Erlebnis" am Telefon: Habermas rief ihn an, weil ihm ein Artikel gefallen hatte. Für ein Jahr zog Honneth ans Max-Planck-Insitut für Sozialwissenschaften nach Starnberg und wechselte 1983 mit Habermas an die Frankfurter Universität.

Dem „Kampf um Anerkennung" verschrieb er sich schon 1990 in seiner Habilitationsarbeit. Im Jahr darauf folgte er dem Ruf auf eine Professur für Philosophie in Konstanz, wechselte aber schon 1992 auf einen Lehrstuhl für politische Philosophie an der FU Berlin. 1996 folgte er Habermas auf den Lehrstuhl für Sozialphilosophie an der Goethe-Universität. Als geschäftsführender Direktor am Institut für Sozialforschung wandelt Honneth seit dem Jahr 2000 auch auf Adornos Spuren. Bei den diesjährigen „Frankfurter Positionen" hat er einen bemerkenswerten Vortrag über Fürsorge, Rechtsgleichheit und Leistung als „moralische Grundlagen moderner Gesellschaften" gehalten. Denn Honneth arbeitet weiter an einer „Theorie der Gerechtigkeit".

Von Claudia Schülke

Alexandra Prinzessin von Hannover

Zu den Kommunalpolitikern, die gerne von den „Bürgern in unserer Stadt" reden und damit den Eindruck nahelegen, sie schwebten wie Außerirdische über denselben, gehört sie nicht: Alexandra Prinzessin von Hannover steht mit beiden Beinen auf der Erde und hat es auch ohne solche staatsmännischen Allüren zu Ansehen und Popularität gebracht. Seit sie 1980 zum ersten Mal in die Frankfurter Stadtverordnetenversammlung gewählt wurde, trägt sie kontinuierlich zum Wahlerfolg der CDU bei. 2001 erhielt sie die höchste Stimmenzahl aller Kandidaten, und 2006 wurde sie von den Wählern vom dritten auf den zweiten Platz „hochkumuliert".

Anders als viele Kollegen ist Alexandra Prinzessin zu Ysenburg und Büdingen gebürtige Frankfurterin, wuchs aber von Anfang an im heimatlichen Büdingen mit vier Brüdern auf. Dort ging sie zuerst zur Schule, später in die Elisabeth-von-Thadden-Schule in Heidelberg-Wieblingen, wo sie Abitur machte. Sie liebäugelte erst mit dem Medizinstudium, ließ sich deshalb zur Schwesternhelferin ausbilden, studierte dann aber doch lieber Kunstgeschichte und Literaturwissenschaften in Frankfurt, Paris und Bonn. Mit knapp 23 Jahren heiratete sie den – mit einer Arbeit über Weltraumrecht promovierten – Juristen Welf Heinrich Prinz von Hannover und zog mit ihm nach Niederrad, wo sie heute noch wohnt. Ihr Mann starb 1997 nach langer Krankheit.

Zur Politik war sie über ehrenamtliche Sozialarbeit gekommen. Als junge Frau engagierte sie sich im Frankfurter Verband, leitete zum beiderseitigen Vergnügen einen Altenklub und war Sozialbezirksvorsteherin in Niederrad. Und schon bald hatte sich „die Prinzessin", wie sie seit dieser Zeit überall heißt, mit ihrer Hilfsbereitschaft und klugen Tatkraft einen Namen gemacht. Das merkte eines Tages auch die Frankfurter CDU. 1977 wurde sie in den Ortsbeirat von Niederrad gewählt, drei Jahre später in die Stadtverordnetenversammlung.

Von Anfang an war sie im Kultur- und Sozialausschuss tätig, zeitweise auch als sozialpolitische Sprecherin ihrer Fraktion. Seit 1997 ist sie die Vorsitzende des Kulturausschusses und stellvertretende Stadtverordnetenvorsteherin; in beide Ämter wurde sie nach der Wahl im vorigen Jahr wiedergewählt. Auch außerhalb des Römers sieht sie, wo es Handlungsbedarf gibt: So ist es ihrer Initiative mit zu verdanken, dass vor knapp zwei Jahren das Hospiz Sankt Katharinen eröffnet werden konnte.

Mit ihrer Natürlichkeit, ihrer warmherzigen, unprätentiösen Art und ihrem Humor findet sie ganz mühelos Kontakt zu Alt und Jung. Von einer „Prinzessin auf der Erbse" also keine Spur, obwohl es ihre Ururgroßmutter Marie Prinzessin von Sachsen-Weimar war, die Hans Christian Andersen in seinem Märchen porträtiert hat.

Von Konstanze Crüwell

Thomas Rietschel

Schon der Ururgroßvater von Thomas Rietschel hat sich um die Kunst verdient gemacht. 1857 schuf Ernst Rietschel eines der bekanntesten Denkmäler Deutschlands: das Doppelbildnis Goethes und Schillers vor dem Weimarer Theater. Ein Mendelssohn-Kopf des Meisters steht hinter dem Schreibtisch seines Ururenkels – am Revers trägt die Büste des Tonsetzers eine rote Aids-Gedenkschleife. Es könnte das Idealbild eines Musikers sein, wie es Rietschel seinen Studenten vor Augen führen will: Vollendet in seiner Profession und gleichzeitig der Welt zugewandt.

Thomas Rietschel, seit knapp drei Jahren Präsident der Hochschule für Musik und darstellende Kunst, hat das Talent seines Vorfahren nicht geerbt. Nach einem Studium der Germanistik und der Kulturwissenschaften nahm er Violinunterricht, aber fürs Konzertpodium war er, wie er sagt, nicht gut genug. Die Begabung des Einundfünfzigjährigen ist eine andere: Musik zu organisieren und in die Gesellschaft hineinzutragen. Elf Jahre nach der ersten Immatrikulation („Ich war ein Langzeitstudent") stieg Rietschel 1986 als Geschäftsführer des Kammerorchesters Schloss Werneck ins Berufsleben ein. Das Ensemble, entstanden aus dem Geist der Achtundsechzigerbewegung, wollte „demokratisch" sein: „Über jeden Auf- und Abstrich wurde diskutiert." Die „intensive Erfahrung" dieser Zeit will Rietschel nicht missen, aber sein Weg führte ihn weiter, zum Kulturmanagement im größeren Stil. Zehn Jahre lang leitete er als

Generalsekretär die deutsche Sektion von „Jeunesses Musicales", bis zu seinem Wechsel nach Frankfurt war er in gleicher Position beim Deutschen Musikrat tätig.

Durch die „sehr politische Arbeit" an der Spitze des Zusammenschlusses musizierender Jugendlicher erfuhr Rietschel die Prägung, die nun auch sein Wirken als Präsident bestimmt: „Wir müssen Musik als etwas für die Gesellschaft Notwendiges begreifen." Er weiß, dass seine Studenten in aller Regel keine Mendelssohns oder Menuhins, keine Duses oder Nurejews werden, sondern Ensemblekünstler und Pädagogen, Basisarbeiter der Kultur. Aus dieser Erkenntnis leitet Rietschel das Profil ab, das er der Hochschule geben will. Nicht alle halten seinen Kurs für richtig, mancher Beobachter sieht darin eine Abkehr von höchsten künstlerischen Ansprüchen. Doch mit der Verpflichtung der Stargeigerin Julia Fischer als Professorin hat Rietschel gezeigt, dass er auch international renommierte Interpreten als Dozenten für sein Haus gewinnen kann. Und es ist nicht zu bestreiten, dass die Hochschule, die zehn Jahre lang keine regulär gewählte Leitung hatte, inzwischen wieder mehr durch die Leistungen ihrer Mitglieder als durch innere Querelen von sich reden macht.

Als Ausbildungsstätte ist die Musikhochschule begehrt wie eh und je: Auf 120 Studienplätze kommen 2000 Bewerber. Jeden von ihnen würde der Präsident am liebsten zweimal hintereinander abweisen – „und wenn er dann zum dritten Mal kommt, würde ich sagen: ‚Probier es.'" Denn die Frage, wer berufen ist zum Musiker, Tänzer oder Schauspieler, beantwortet der Realist Rietschel nicht anders als die Romantiker zu Mendelssohns Zeiten: „Künstler kann nur werden, wer für die Sache brennt."

Von Sascha Zoske

Helmut Reitze

Als Helmut Reitze vor vier Jahren mit einer Stimme Mehrheit zum Intendanten des Hessischen Rundfunks gewählt wurde, galt er als Mann Roland Kochs. Sei es, dass diese Unterstellung schon damals falsch war, sei es, dass ein Intendant wie ein Notenbankpräsident sich schnell auf die Unabhängigkeit seiner Institution und seiner Position einstellt – Anwürfe dieser Art sind seither nicht laut geworden. Am vergangenen Freitag wurde der Mann mit der Fliege wiedergewählt – mit der eindrucksvollen Zustimmung von 23 der anwesenden 26 Mitglieder des Rundfunkrates. Mit diesem das Selbstvertrauen stärkenden Votum im Rücken kann der parteilose Intendant nun darangehen, den finanziell von ihm schon konsolidierten Sender beim Publikum populärer zu machen: Noch ist der Marktanteil des Hessen-Fernsehens der niedrigste unter den sieben ARD-Anstalten. Das Image des HR als Informationssender ist gut – woran es hapert, ist das Unterhaltende.

Helmut Reitze wurde am 11. Juni 1952 im nordhessischen Gudensberg als Sohn eines Lehrers geboren. Das Berufsziel stand, wie es sich für einen Journalisten gehört, sehr früh fest. Gleich nach dem Abitur machte er sein Volontariat bei der „Hessischen/Niedersächsischen Allgemeinen" in Kassel, wo er danach auch für kurze Zeit Redakteur wurde. Dann aber zog es ihn an die Universität, er studierte in Marburg Volkswirtschaft und schrieb anschließend seine Dissertation. In den Jahren seiner akademischen Ausbildung hielt er Kontakt zum journalistischen Metier als freier Mitarbeiter für den HR. 1981 begann dann eine abwechslungsreiche Karriere vor und hinter der Kamera, mit Stationen in ARD-Anstalten und beim ZDF.

Hatte Reitze zunächst beim Bayerischen Rundfunk in Sendungen wie „ARD-Ratgeber Geld“ oder „Plusminus“ seine ökonomischen Kenntnisse einbringen können, so wechselte er 1985 als Redakteur des „heute-journals“ ins aktuelle Fach. Dort zeigte er dann auch seinen Kopf vor der Kamera, die Fliege wird unveränderliches Kennzeichen, als er von 1987 bis 1990 als Korrespondent des ZDF aus Washington berichtet, heute schenkt man ihm den textilen Halsschmuck oder bittet um ihn als Pfand für wohltätige Versteigerungen. 1990 lässt sich Reitze auf ein neues Abenteuer ein, er wechselt sozusagen die Fronten und wird Geschäftsführer der AV-Euromedia in München, einer Fernsehproduktionsgesellschaft, die unter anderem den „Talk im Turm“ herstellt. Danach verändert wieder einmal ein Anruf des ZDF-Intendanten Dieter Stolte sein Leben: Reitze wechselt als Korrespondent nach Brüssel und auch vorübergehend den öffentlich-rechtlichen Arbeitgeber, indem er von 1993 bis 1995 zweiter Chefredakteur von ARD-aktuell in Hamburg wird, unter welchem Dach die journalistischen Flaggschiffe des Ersten Deutschen Fernsehens produziert werden, die „Tagesschau“ und die „Tagesthemen“.

Die längste kontinuierliche Phase seines Berufslebens währt von 1995 bis 2002 als stellvertretender ZDF-Chefredakteur, vor allem seit diesen Jahren kennt ein breites Publikum Reitze als verbindlichen Präsentator des „heute-journals“ und als hartnäckigen Frager. Seit Januar 2003 sitzt er auf dem Sessel des HR-Intendanten, wo er in der ersten Zeit mit der unangenehmen Causa Emig und mit vielen Sorgen finanzieller Art gut beschäftigt war. Die vor ihm liegende Zeit hat Helmut Reitze, der ausdrücklich als Programm-Intendant angetreten war, als Phase der Kontinuität deklariert.

Zu tun gibt es genug für den freundlich, aber bestimmt auftretenden Karriere-Journalisten. Der in Wiesbaden lebende verheiratete Vater eines Sohnes denkt auch darüber nach, selbst wieder einmal vor der Kamera zu sitzen – wenn, dann vielleicht in einer Gesprächssendung mit Unternehmensführern. In Frankfurt fühlt er sich längst wohl, auch wenn das Herz des in jungen Jahren begabten Fußballers („Beckenbauer von Bettenhausen“) wohl unabänderlich für den FC Bayern München schlägt.

Von Peter Lückemeier

Dieter Weirich

Dieter Weirich ist eine lebende Anekdotensammlung. Es gibt nicht viele Stichwörter, zu denen ihm keine lustige oder tragikomische Begebenheit einfiele, die meisten stammen aus der Politik. Denn obwohl Weirich schon 1989 aus dem Bundestag ausschied, ist er im Grunde seines Wesens Politiker geblieben. Dabei hat sein Lebensweg etwas Grenzgängerisches – als Journalist hatte er immer mit der Politik zu tun, als Politiker beschäftigte er sich immer mit den Medien. Woran sich bis heute nichts geändert hat: Als Leiter der Unternehmenskommunikation der Fraport AG muss er wiederum an der Nahtstelle zwischen Journalismus, Öffentlichkeit und Politik gut Wetter machen für den Flughafen und vor allem für dessen Ausbau; offiziell heißt so etwas „optimale Außendarstellung".

Geboren wurde Weirich am Silvestertag des Jahres 1944 in Sülzbach bei Heilbronn, das Abitur machte er in Weinsberg in Württemberg, bei der Bundeswehr brachte er es zum Leutnant der Reserve. 1965 begann seine journalistische Laufbahn: Volontär bei der „Pforzheimer Zeitung", Ressortleiter für Sport und Vermischtes beim „Hanauer Anzeiger". Dann trifft er Alfred Dregger, beide finden Gefallen aneinander. 1969 wird Weirich persönlicher Referent des hessischen CDU-Vorsitzenden, es beginnt die Zeit des langsamen, aber gewaltigen Aufstiegs der hessischen CDU. Drei Jahre später ist aus dem ehrgeizigen Referenten der Sprecher von Partei und Landtagsfraktion geworden, wieder zwei Jahre später ist er Landtagsabgeordneter und medienpolitischer Sprecher. Das bleibt er auch, als er 1980 mit 36 Jahren in den Bundestag wechselt: Schwerpunkt sind die damals so genannten Neuen Medien, auch an den gesetzlichen Voraussetzungen für die Zulassung des privaten Rundfunks in Hessen ist er beteiligt; eines seiner rund zwanzig Bücher trägt den Titel „Medien 2000". Als es erscheint, hat Dieter Weirich aber längst seinen Arbeitsplatz gewechselt. Zwölf Jahre lang leitet er von 1989 an als Intendant die Deutsche Welle. Als er, 1995 einstimmig wiedergewählt, nach langem, zermürbendem Kleinkrieg mit dem Kulturstaatsminister Naumann schließlich 2001 auf eine dritte Kandidatur verzichtet, bescheinigt ihm diese Zeitung, gute Arbeit geleistet zu haben: Er habe aus einem Kurzwellensender einen „aktuellen, in Krisen erprobten Auslandsfunk" gemacht.

Wer ein solches Haus mit 1800 Mitarbeitern, unter ihnen 400 Redakteure, geleitet hat, wer von einem politisch von unterschiedlichsten Interessen geleiteten Rundfunkrat einstimmig bestätigt wurde, dem kann es weder an Führungskraft noch an diplomatischem Geschick mangeln. Beides kann Weirich in seiner Funktion bei Fraport gebrauchen. Seine Mitarbeiter loben seinen lockeren, freundlichen, aber dennoch zielgerichteten Führungsstil, und die Diskussion um den Flughafenausbau hat sich, wenn der Eindruck nicht täuscht, durch Weirichs Verbindlichkeit bei kontroversen Diskussionen versachlicht. Der Vater von zwei erwachsenen Söhnen ist seit 1997 Gastprofessor an der europäischen Journalismus-Akademie der Donau-Universität in Krems und lässt es sich gern gefallen, wenn er mit dem Titel „Professor" angesprochen wird. Nicht nur wegen seines Anekdotenreichtums ist er ein angenehmer Gesprächspartner, sondern auch, weil er es versteht, ein gewisses Maß an Eitelkeit mit einer größeren Portion Selbstironie zu verbinden.

Von Peter Lückemeier

Hans Wilhelm Gäb

Er hält zwar nach einem Nachfolger Ausschau. Doch Hans Wilhelm Gäb wird wohl bis 2010 sein Büro in Frankfurt haben. Von Sachsenhausen aus steuert der Einundsiebzigjährige die Stiftung deutsche Sporthilfe. Gäb wollte helfen im Sommer 2005, als das Ansehen der Stiftung plötzlich schwer angeschlagen war. Der damalige Vorsitzende Hans-Ludwig Grüschow hatte eine enge Beziehung zu einem in einen Schmiergeldskandal verwickelten ARD-Fernsehjournalisten aus Leipzig unterhalten und trat zurück. Schnell merkte Gäb, dass die Sporthilfe einen Vollzeitmanager brauchte. Also unterbrach er den Ruhestand und pendelt seither regelmäßig zwischen Eppstein und Frankfurt. Die Stiftung, einer der wichtigsten Förderer der deutschen Spitzenathleten und unter anderem Ausrichter des Balls des Sports, musste von Grund auf erneuert werden.

In bemerkenswert kurzer Zeit führte der gelernte Journalist und spätere Automobilmanager (Vorstandsmitglied bei Ford, Opel und General Motors, Aufsichtsratsvorsitzender bei Opel) bei der Sporthilfe neue Strukturen ein; er bildete einen kleineren Vorstand sowie einen hochkarätig besetzten Aufsichtsrat und holte einen jungen Geschäftsführer, Michael Ilgner, der als ehemaliger Wasserballspieler und als Unternehmensberater gleichermaßen im Sport und in der Wirtschaft daheim ist. Mit seinem guten Namen sorgte Gäb zudem dafür, dass sich Türen zu Wirtschaft, Medien und Politik weit öffneten. Wie zuvor nur Josef Neckermann in den ersten Jahren der Stiftung hat der gebürtige Rheinländer die Sporthilfe zur Herzensangelegenheit gemacht. Dabei geht es nicht allein darum, Geld zu sammeln und zu verteilen (bis zu zwölf Millionen Euro können im Jahr an 3800 Athleten ausgeschüttet werden). Gäb, der es im Tischtennis erst zum Nationalspieler und dann zum Vorsitzenden des nationalen Verbandes brachte, kämpft auch Tag für Tag für die Grundwerte eines Sports ohne Gewalt und Doping. „Leistung, Fair-play, Miteinander", lautet das in einer großen Medienkampagne verbreitete Leitmotiv der Sporthilfe.

Gäb lebt das alles vor. In einer neuen Akademie bei Berlin bringt die Stiftung die Eliten des Sports mit anderen Eliten zusammen. Ziel ist es nicht zuletzt, die Spitzenathleten vorzubereiten auf die Zeit nach der Karriere. Mit seiner herausragenden Rolle in der Sporthilfe hat Gäb eine Art Comeback erlebt – denn nach einer Lebertransplantation Mitte der neunziger Jahre hatte er sich weitgehend aus Spitzenämtern zurückgezogen. In den von ihm mitbegründeten Organisationen „Sportler für Organspende" und „Kinderhilfe Organtransplantation" versucht er, kranke Menschen so zu unterstützen, wie er es selbst in schwerer Zeit erlebt hat. Dabei greift er zurück auf seine lebenslangen Erfahrungen im Sport. „Im Sport", sagt Gäb, „habe ich die Gesetze des Miteinanders im Leben gelernt."

Von Jörg Hahn

Nikolaus Hirsch

An der Schnittstelle von Kunst und Architektur bewegte er sich schon in jungen Jahren, als er 1992 die vier Jahre später erbaute Gedenkstätte für die ermordeten Frankfurter Juden am neuen Börneplatz entwarf: ein bewegendes Zeichen gegen das Vergessen. Zehn Jahre nach diesem Debüt des 1964 geborenen Architekten Nikolaus Hirsch kam mit dem Neubau der Dresdner Synagoge der erste große Auftrag auf ihn zu – und auch hier überzeugte er mit den einfachen und expressiven Formen seines kühnen Entwurfs.

Heute ist er nicht nur zwischen Frankfurt und Dresden, sondern in der ganzen Welt unterwegs. In Delhi ist er mit einem neuen Projekt beschäftigt, einem unabhängigen Kulturinstitut, das junge, zwischen 16 und 25 Jahre alte Inder aus harten Verhältnissen dazu ermutigt, ihre eigene Umwelt zu beschreiben.

Kein größerer Gegensatz lässt sich denken als der zwischen diesen armen jungen Leuten und den gutsituierten Studenten in Harvard, die er als Gastprofessor unterrichtet – und manchmal hat er nur einen einzigen Tag in Frankfurt zwischen den beiden Welten. Mit den amerikanischen Nachwuchsarchitekten erforscht er die kulturellen und sozialen Infrastrukturen im Süden von Boston, die Suppenküchen, Frauenhäuser, Kinderhorte, Bibliotheken; ein Blick auf Typologien, den die Uni-Leitung erstaunt, doch billigend zur Kenntnis nahm. An der Architectural Association in London hat Hirsch seit 2000 eine Stelle als

Professor. Außerdem lehrt er als Gastprofessor am Institut für angewandte Theaterwissenschaften der Universität Gießen und an der University of Pennsylvania in Philadelphia.

Nicht nur wegen des Flughafens lebt er gerne in Frankfurt, für ihn eine Stadt der kurzen Wege, eigentlich ein Dorf, mit dem großen Vorteil, dass sich folgenreiche Kontakte – wie zu William Forsythe oder Thomas Bayrle – ganz unkompliziert ergeben. So hat Hirsch mit Forsythe 2003/2004 das Bockenheimer Depot in eine Filzlandschaft verwandelt. Und für Bayrles Ausstellung „40 Jahre Chinese Rock 'n' Roll" im MMK konstruierte Hirsch 2006 einen schön verschlungenen „Chinese Motorway".

Eine organisch der Landschaft angepasste Architektur hat Hirsch für das 2006 eröffnete Dokumentationszentrum des ehemaligen Lagers für politische Häftlinge in Hinzert bei Trier entworfen – und hier, eine Novität, auch die mündliche Überlieferung sichtbar gemacht. Sein Rat ist gefragt, etwa als Vorsitzender der Jury für die „Topographie des Terrors" in Berlin. Doch er entwirft nicht nur Erinnerungs- und Kulturbauten oder Ausstellungsarchitekturen wie in der Schirn für „Frequenzen". So plant er derzeit ein großes Hotel in St. Paul, Minnesota und ein Hochhaus in Tiflis. Näher liegen Projekte wie die europäische Kunsthalle in Köln oder „United Nations Plaza", eine temporäre Kunstakademie in Berlin. Ein Wunder, dass er zudem noch kluge Bücher schreibt.

Von Konstanze Crüwell

Peter Kurzeck

Die wichtigste Frankfurter Literatur wird augenblicklich in Frankreich verfasst. Im französischen Uzès, einer Kleinstadt links der Rhône zwischen Avignon und Nîmes, schreibt Peter Kurzeck seit 14 Jahren Romane, die zu den ungewöhnlichsten und schönsten der Gegenwartsliteratur zählen. Trotz seiner für das Schreiben hilfreichen französischen Abgeschiedenheit sehnt sich Kurzeck gelegentlich nach einer Wohnung in Frankfurt. Noch immer verbringt er jedes Jahr etwa vier Monate in der Stadt, die, wie er selbst sagt, seine Bücher „durchtränkt" hat: „Hier in Frankfurt liegen für mich überall angefangene Geschichten herum."

Am 31. August ist es 30 Jahre her, das Kurzeck nach Frankfurt kam. Beginnen wollte er hier die letzte Reinschrift seines ersten Buches, wenige Wochen sollte die Niederschrift dauern. Der hehre Plan ließ sich allerdings nicht durchhalten. Kein Wunder bei einem Autor, der sich seinen Stil selbst schaffen musste und hohe Ansprüche an ihn stellt. „Jetzt schreibst du so lang für dich selbst, bis das, was du schreibst, genauso wird, wie du es haben willst", nannte er das im 2003 erschienenen Roman „Als Gast". Kurzecks Erstling konnte erst 1979 beim Frankfurter Verlag Stroemfeld erscheinen, der seitdem sämtliche Romane des Autors veröffentlicht hat.

Er ist überzeugt davon, dass sich seine Bücher anderswo anders gestaltet hätten: „Ich glaube, dass Literatur ohne Ort und Zeit nicht auskommt. Wenn man präzise und lebendig sein will, müssen Ort und Zeit einfach stimmen." Sein eigenes Leben haben Ortsveränderungen geprägt. Nach dem Krieg wuchs der in Böhmen zur Welt gekommene Kurzeck als Flüchtlingskind im hessischen Staufenberg auf, einem kleinen Dorf bei Gießen. Die Schule verließ er als Jugendlicher, um als Lagerverwalter für die Amerikaner zu arbeiten. Er erinnert sich noch genau daran, wie er eines Augustmorgens aufstand und sich sicher war: „Du darfst da nie mehr hingehen, weil du dein Leben lang schreiben wirst." Jetzt schreibt Kurzeck, der vor sieben Jahren Stadtschreiber von Bergen-Enkheim war, also in Uzès, in einem Haus, in dem einst André Gide ein und aus ging, um dort die Großmutter zu besuchen.

Augenblicklich ist Kurzeck auf halbem Wege zwischen neuen Titeln. Im Frühjahr ist sein Roman „Oktober und wer wir selbst sind" erschienen, der vierte Teil seiner poetischen Chronik aus dem Frankfurt der frühen achtziger Jahre, die 1997 mit „Übers Eis" ihren Anfang nahm. Im Herbst erscheint beim Supposé-Verlag ein Hörbuch mit Geschichten aus Staufenberg. Dann bringt Stroemfeld auch den 1987 zum ersten Mal erschienenen Roman „Kein Frühling" und ein begleitendes Hörbuch neu heraus. Wer Kurzeck hat lesen hören, wird sich nicht nur auf die wesentlich erweiterte Neuauflage des Romans, sondern auch auf die gesprochene Version freuen. Schließlich zieht Kurzecks Vortrag die Zuhörer nicht umsonst in Bann. Er sagt es selbst: „Ich könnte Noten schreiben zu jedem Satz von mir." Dabei muss schon das Verfassen seiner Bücher dem Komponieren gleichkommen. Vermutlich findet Kurzeck zwischen den Manuskriptbergen auf seinen Schreibtischen die französische Distanz auch darum so hilfreich. Sie schärft den Blick: „Ich sehe Frankfurt vor mir, wenn ich in Uzès bin. Anders, als wenn man in Frankfurt ist. Deutlich."

Von Florian Balke

Paavo Järvi

Man schaute schon unwillkürlich hin, als im vorigen Frühherbst ein Mann in Überlebensgröße von der Fassade des Kaufhofs an der Hauptwache grüßte. Konzertgänger wussten die ungewöhnliche Werbeaktion damals sogleich zu deuten: Das ist er, der neue Chefdirigent des hr-Sinfonieorchesters – mit Spannung erwartet. Solche Anteilnahme engagierter Musikfreunde ist verständlich, vermag der Leiter einer so wichtigen Institution je nach Kompetenz das Musikleben einer Stadt doch nachhaltig zu beflügeln oder zu lähmen. Ein als Generalmusikdirektor künstlerisch blasser Kapellmeister, der Musik eher organisiert als interpretiert – ein trostloser Gedanke, der gleichwohl zuweilen Wirklichkeit wird.

Kein Gedanke daran bei Paavo Järvi: Der Name des 44 Jahre alten Künstlers aus Estland hat in der Musikwelt einen brillanten Klang. Das trifft auf die gesamte Familie zu: Sein Vater Neeme Järvi wurde in der ganzen Welt schon als Dirigent hochgeschätzt, als Paavo noch ein Baby war. Seine Geschwister Kristjan und Maarika Järvi sind ebenfalls bekannte Musiker. Dass Paavo Järvi angesichts einer derart kunstsinnigen Familie schon als Kleinkind völlig selbstverständlich von Musik umgeben war, mag kaum verwundern. Ungewöhnlich ist aber doch, dass er das eine Berufsziel selbst als Kind stets klar vor Augen hatte – Dirigent zu werden. Sein Vater hat ihm da natürlich in unschätzbarem Ausmaß Hilfe gewähren können. Paavo Järvi erinnert sich im Zusammenhang mit seiner Kindheit, die er als sehr glücklich empfand, an ein beliebtes familiäres Ratespiel: Der Vater stellte das Radio an. Irgendein Sender brachte fast immer klassische Musik. Nun mussten alle versuchen, das Stück zu erraten. Oder wenigstens den Komponisten. Oder wenigstens die Epoche. Paavo Järvi hat in jenen Jahren viel gelernt, aber erst 1985 hat er als Einspringer in Trondheim sein erstes wichtiges Konzert dirigiert. Allerdings wäre eine Wunderkindkarriere dem Dirigentenberuf, für den besonders viel Erfahrung vonnöten ist, auch abträglich.

Seine Eltern wussten solches Familienglück zwar ebenfalls zu schätzen, fühlten sich jedoch aus politischen Gründen unwohl: Estland wurde damals noch vom Sowjetregime beherrscht, Vater und Mutter wollten auswandern. So kam Paavo Järvi nach Amerika und dort sogar in Kontakt mit Leonard Bernstein. Heute ist er in aller Welt gefragt – als Chef des Cincinnati Symphony Orchestra, des hr-Sinfonieorchesters, der Deutschen Kammerphilharmonie Bremen und von 2010 an des Orchestre de Paris. Er und seine Familie leben teils in London, teils in Cincinnati. Nicht auszuschließen ist, dass seine zwei Töchter – drei Jahre alt die eine, acht Monate die andere – einst zum Taktstock greifen: „Sie dirigieren schon jetzt mein Leben." Ob in Amerika oder England: Zuallererst fühlt sich Paavo Järvi als Botschafter seiner Heimat: „Ich bin ein estnischer Künstler und möchte mein Land durch die Musik vorstellen."

Von Harald Budweg

Horst Stöcker

Früher hat Horst Stöcker Wasserstoffbomben gebaut. Luftballons, die das entzündliche Gas enthielten und mit Chemikalien präpariert waren. Sie flogen ein paar Meter, dann knallte es. Stöcker lacht, wie er damals gelacht haben muss, nach dem gelungenen Schülerstreich. Er ist jetzt 54 Jahre alt, Physikprofessor, Vizepräsident der Goethe-Universität und immer noch ein Spaßvogel. Wer ihm über den Weg läuft, muss stets auf einen flotten Begrüßungsspruch gefasst sein. Stöcker redet viel und laut, das Idiom seiner Oberurseler Heimat hat die in der Gelehrtenwelt verbrachten Jahrzehnte unbeschadet überstanden, selbst seine Eitelkeit hat etwas sympathisch Naturbelassenes. Mag sein, dass er mit seiner flapsigen Art hin und wieder jemandem zu nahe tritt. Allzu viele Feinde kann er sich damit aber nicht gemacht haben. Sonst wäre er kaum dorthin gekommen, wo er jetzt ist.

Dass er Professor werden wollte, und zwar an der Uni Frankfurt, hat er schon mit zwölf gewusst. Der junge Horst muss ähnlich ehrgeizig gewesen sein wie sein Schulkamerad Dieter Zetsche, heute Daimler-Chef und immer noch mit Stöcker befreundet. Beide begeisterten sich für Wissenschaft und Technik. Stöckers pubertäre Vorlieben – „ich hatte Spaß an allem, was kracht und stinkt" – ließen eine Chemikerlaufbahn erwarten, doch als er sich in Frankfurt einschrieb, wählte er als Hauptfach die Physik. Ihn faszinierten Schwarze Löcher, superschwere Elemente, der Urknall, all dieses „verrückte Zeug". 1979 wurde er promoviert, Walter Greiner war sein Doktorvater. Ein Jahr lang arbeitete er in Darmstadt bei der Gesellschaft für Schwerionenforschung (GSI), 1980 ging er in die Vereinigten Staaten, erst nach Berkeley, dann als „Assistant Professor“ an die Michigan State University.

Seit 1985 ist der Vater dreier Kinder wieder da, wo sein Werdegang begonnen hatte. In Oberursel wohnt er, in Frankfurt lehrt er theoretische Physik und Astrophysik. Zusammen mit Greiner und dem Hirnforscher Wolf Singer hat er das „Institute for Advanced Studies“ aufgebaut, eine Denkfabrik für die theoretischen Naturwissenschaften. Aber auch in der akademischen Selbstverwaltung hat er sich früh engagiert, nicht unbedingt aus Liebe zum Administrativen, sondern aus Einsicht in die Notwendigkeit. „Man muss sich darum kümmern, dass der Laden läuft.“ Seine erste Amtszeit als Vizepräsident dauerte von 2000 bis 2003; im vergangenen Jahr wurde er noch einmal auf diesen Posten gewählt.

Er wird ihn auch behalten, obwohl ihn nun eine weitere Aufgabe in Anspruch nimmt: Seit Kurzem ist Stöcker wissenschaftlicher Geschäftsführer seines früheren Arbeitgebers, der GSI. In Darmstadt wird er am Aufbau des milliardenteuren Beschleuniger-Zentrums Fair mitwirken. „Wir stoßen in völlig neue Dimensionen vor“, verspricht er. Fair soll zum Beispiel benutzt werden, um Antimaterie herzustellen und das Geschehen im Zentrum einer Sternexplosion, einer Supernova, zu simulieren. Er schlägt eine Hand in die andere, um die Wucht der Teilchenkollisionen zu veranschaulichen, und grinst, als wäre gerade über dem Kopf des Besuchers eine seiner Wasserstoffbomben detoniert: „Das ist eben immer noch mein Hobby – die Explosion der heißen Materie.“

Von Sascha Zoske

Axel Weber

Die ziemlich große „Graue Katze“ des 1973 geborenen Berliner Malers André Butzer ist der faszinierende Mittelpunkt einer großen Bilderwand hinter dem Schreibtisch von Axel Weber, der seit 2005 als Generalbevollmächtigter der deutschen Vermögensberatung Holding in Frankfurt tätig ist. In seinem Büro hat er sich mit einer Auswahl seiner kleinen privaten Kunstsammlung umgeben, die hier in dichter Petersburger Hängung mit exemplarischen Gemälden jüngerer Künstler wie Mike Bouchet, Andreas Hofer oder Hendrik Krawen zu sehen ist. Kein Mainstream sondern eine sehr persönliche, qualitätvolle Auswahl. Auch der Städelschulabsolvent und Bayrle-Schüler Stefan Wieland ist mit einem kleinen Werk vertreten: Das vorgesehene große Format blieb leider im Treppenhaus stecken.

Frankfurt mausere sich immer mehr und biete heute ein tolles Umfeld, sagt Weber, der 2001 als Vorstandsvorsitzender der Deka-Bank in diese Stadt kam. Für den gebürtigen Berliner, Jahrgang 1944, ist die Sparkasse jahrelang seine berufliche Heimat gewesen. Als Lehrling bei der Sparkasse der Stadt Berlin West begann er seine Laufbahn, absolvierte dann die deutsche Sparkassenakademie in Hannover und krönte seine Ausbildung auf der „Direktorenschule“, dem Lehrinstitut für das kommunale Sparkassen- und Kreditwesen in Bonn. Es lohnte sich: 1978 wurde er mit 34 Jahren in den Vorstand der Berliner Sparkasse berufen: „Das war schon was.“

Nach sechs Jahren in der Berliner Heimat kam ein neuer, noch ehrenvollerer Ruf, dieses Mal von der Bremer Landesbank. Dort war er 17 Jahre, zuerst als Vorstandsmitglied, dann als stellvertretender Vorstandsvorsitzender. Die Zeit in Bremen bezeichnet Weber manchmal als die bisher schönste in seinem Leben; dort hat er seinen Hauptwohnsitz, von dem aus er zur Arbeit pendelt. Nach Frankfurt kam Weber der Deka-Bank wegen. Und hier entwickelte er für die Kunst- und Kulturförderung der Bank ein Konzept, das mindestens dreijährige Partnerschaften mit Frankfurter Instituten vorsah, um mit dem Mut zum Ungesicherten, Fragwürdigen allen Sparten der Kultur neue Chancen zu eröffnen.

Der Deka-Bank-Preis des Literaturhauses Frankfurt zur Förderung deutscher Literatur im Ausland und der Hochhauspreis werden auch nach Webers Ausscheiden aus der Bank 2005 vertragsgemäß weiter verliehen. Völlig legitim sei es aber, sagt Weber, dass ein neuer Vorstand andere Akzente setze.

Axel Weber war nicht lange Bankenpensionär. Schon bald holte ihn Reinfried Pohl in die von ihm vor 30 Jahren gegründete Deutsche Vermögensberatung, dem – mit 33000 freien Beratern und vier Millionen Kunden – weltweit größten Unternehmen auf diesem Gebiet. Neben seiner Haupttätigkeit ist Weber Geschäftsführer der Reinfried Pohl Stiftung, die sich der wissenschaftlichen Förderung mit den Schwerpunkten Jura und Medizin widmet: ein lohnendes Unterfangen.

Von Konstanze Crüwell

Michael Stolleis

Die beiden kleinen Buchstaben „em.“, die seit dem vergangenen Jahr am Ende der stattlichen Titelreihe stehen, fallen nicht ins Gewicht. Von wegen emeritiert: Michael Stolleis, 1941 in Ludwigshafen geboren, seit 1991 Direktor des Max-Planck-Instituts für europäische Rechtsgeschichte, arbeitet, nunmehr ohne die Alltagsaufgaben eines Lehrstuhlinhabers und Institutsdirektors, einfach weiter.

Seit 1975 ist Stolleis, der allein in sieben wissenschaftlichen Akademien Mitglied ist und unter anderem für seine Studien den Leibniz- und den Balzan-Preis bekommen hat, in Frankfurt als Professor für öffentliches Recht und Rechtsgeschichte tätig. Im Jahr zuvor, 1974, war seine Münchner Habilitationsschrift über die „Gemeinwohlformeln im Dritten Reich“ erschienen, die große Aufmerksamkeit erregte. Seither hat Stolleis zahlreiche Arbeiten zum Nationalsozialismus veröffentlicht. Damals sei die Zeit reif gewesen für eine Beschäftigung mit dieser Epoche; seine Generation war mit dem Schweigen aufgewachsen. „Ich will historisch verstehen, wie eine hochgelobte Rechtskultur zur Diktatur wurde“, sagt Stolleis. Nun aber, nach einem Gang durch die Epochen, ist er tief in die Nachkriegszeit getaucht: Er schreibt am vierten Band seiner vielgelobten „Geschichte des öffentlichen Rechts in Deutschland“, dem Kapitel von 1945 bis heute.

„Ein Gebirge“ nennt er diesen letzten Band: „Wenn ich damit vorankomme, habe ich meine Zeit erschöpft.“ Deshalb bezeichnet er es auch als „Traum“, sich noch intensiver dem 17. Jahrhundert widmen zu können, einem „dramatischen, für Deutschland unglücklichen Jahrhundert“. Nun müsse eben die nächste Generation ran, sagt Stolleis, aber nach Abschied klingt das wahrlich nicht. Als Gutachter, Redner und gerade in der Nachwuchsförderung ist Stolleis viel gefragt, nicht nur in seinem eigenen Fach.

Über kleine Umwege hat er für die Rechtsgeschichte Feuer gefangen: Erst hat Stolleis, der auf einem Pfälzer Weingut aufwuchs, den Winzerberuf erlernt. Und dann hat ihn vor allem sein Münchner Lehrer Sten Gagnér für dieses Gebiet der Rechtswissenschaft begeistert, das im Jurastudium oft ein Stiefkind bleibt.

Es ist nicht die einzige Geisteswissenschaft, der sich Stolleis widmet – zum schieren Vergnügen, wie er sagt. Seit Jahren engagiert er sich für das Museum der Weltkulturen, dessen 2006 gegründetem Kuratorium er vorsteht. „Ein natürliches Interesse des Rechtshistorikers für Ethnologie“ habe ihn dazu geführt, und nicht ohne einen gewissen Stolz weist er darauf hin, dass das 1999 gegründete Max-Planck-Institut für ethnologische Forschung in Halle sich seiner Initiative verdankt. Sonst gehört Stolleis nicht eben zu jenen, die lautstark die eigenen Verdienste loben – selbst wenn seine bescheiden „Hobby“ genannte zweite große Leidenschaft neben dem Recht, die Literatur, weit über Feierabendlektüre hinausgeht.

Denn nicht nur seine rechtshistorischen Schriften werden auch von Laien so hochgeschätzt, weil Stolleis ein feinsinniger Stilist ist. Seinen beiden größten Lieblingen in der deutschen Literatur nähert er sich nicht nur lesend, sondern auch schreibend: Johann Peter Hebel, dem er zwei Bände mit kommentierten Lektüren widmete. Und Jean Paul, in dessen opulentem Werk Stolleis geradezu spazierenwandert. Das tut der Vater zweier erwachsener Kinder auch in der Natur, mit seiner Frau, die Kunsthistorikerin ist. Allzu viel Zeit dafür dürfte der Vielbeschäftigte allerdings nicht haben.

Von Eva-Maria Magel

Andreas Povel

Müsste man Andreas Povel mit einem Begriff beschreiben, so könnte man ihn einen Menschenfischer nennen. Oberflächliche Begegnungen scheinen ihn nicht zu interessieren. Zuhören, nachfragen, Zusammenhänge ergründen, Verbindungen erkennen und vor allem neue knüpfen – das kennzeichnet das Gespräch mit dem Zweiundfünfzigjährigen, der vor zwei Jahren das Präsidentenamt im Union-International-Club übernommen hat.

Schon in den Jahren zuvor hatte er die regelmäßigen Speakers Luncheons im Club zu einem immer bedeutsameren Treffpunkt im Frankfurter Wirtschaftsleben gemacht, weil er stets interessante Redner und die nötigen Sponsoren dafür gewinnen konnte. Bundesfamilienministerin Ursula von der Leyen holte er für die Vortragsreihe im Club ebenso nach Frankfurt wie Benediktinerpater Anselm Grün oder den italienischen Finanzmanager Alessandro Profumo. Bei Letzterem band Povel als Gastgeber auch noch den hessischen Kreis mit ein – und weil Profumo gleich mehrere Hundert Interessierte anlockte, lud er nicht in den Union Club, sondern in das Casino der Xchanging Transaction Bank, deren Geschäftsführer der Betriebswirt ist. Dass er damit die Aufmerksamkeit vieler aus der Finanzbranche auch auf das noch relativ junge Unternehmen für Dienstleistungen der Wertpapierabwicklung lenken konnte, dürfte er nicht nur als Nebeneffekt gesehen haben.

Sinnvolle und interessante Verbindungen herstellen – das gehört zu Andreas Povels Lieblingsbeschäftigungen. Als ein „Leben im Kreuz" beschreibt er selbst seine Philosophie und legt gleich eine Zeichnung vor: Dort stehen die vier Begriffe „Materiell" fürs Geschäftliche, „Spirituell" für die Familie, „Emotional" für den Union Club, der ihm, wie er sagt, ein Stück Heimat in Frankfurt bietet, und „Rational" für das von ihm ins Leben gerufene Sozialprojekt „NFTE".

Alle vier Begriffe sind durch ein Kreuz verbunden. Die Form ist dabei keineswegs Zufall, denn der Sohn aus einer niedersächsischen Textilfabrikanten-Familie ist gläubiger Katholik und zählt die Teilnahme an der heiligen Woche in Rom mit den Papst-Messen zu den besonders eindrucksvollen Erlebnissen seines Lebens. Dass er sein Engagement für das „Network For Teaching Entrepreneurship" (NFTE) nicht als Christlich-soziales und Emotionales sieht, sondern als Rationales, erscheint ungewöhnlich, passt aber in dieses Bild. Denn es ist nicht Mitleid, was ihn bewogen hat, das aus Amerika stammende Projekt für Jugendliche mit schlechten Startbedingungen mit einigen Freunden in Deutschland zu etablieren. Der Versuch, den jungen Menschen Unternehmergeist zu vermitteln, um ihre Chancen zu verbessern, ist für Povel eine gesellschaftspolitische Aufgabe und damit Bürgerpflicht.

Eine Haltung, die er aus New York mitgebracht hat, wo er viele Jahre im Vermögensmanagement gearbeitet hat. Aus dieser Zeit rührt auch sein großes Interesse an der Völkerverständigung, die er im Union Club im Sinne Richard Mertons besonders pflegen möchte. Auch dafür knüpft der Vater von drei Söhnen mit Leidenschaft immer wieder neue Fäden in sein weitgespanntes Netz und verbindet gekonnt christliche Tugenden mit wirtschaftlichen Interessen, Familiäres mit sozialem und gesellschaftspolitischem Engagement. Denn er weiß, mit einem starken Netz lässt sich manch guter Fang machen.

Von Patricia Andreae

Karl Dietrich Wolff

Seine Krawatten haben sich vermehrt. „Hin und wieder bekomme ich eine geschenkt“, sagt Karl Dietrich Wolff und lächelt verschmitzt. Ansonsten fühlt sich der ehemalige Bundesvorsitzende des Sozialistischen Deutschen Studentenbundes (SDS) ganz und gar nicht als Renegat. Schließlich erscheint im kommenden Winter der zwanzigste und letzte Band jener historisch-kritischen Werkausgabe, die Wolff schon in den wilden Siebzigern in Angriff genommen hatte, um einen „Paradigmenwechsel in der deutschen Editionsforschung“ einzuleiten: Mit Hölderlin, dem anarchischen Sponti-Idol, schließt sich der Kreis: KD, wie ihn seine Freunde nennen, ist sich auch als Deutschlands führender Verleger faksimilierter Klassiker-Editionen treu geblieben.

Sein Herz allerdings gehört Kafka. Den hat er – neben Dostojewski – schon als Jugendlicher gern gelesen, obwohl seine Mutter die Nase rümpfte, über so etwas „Zersetzendes“. Im Jahr 1943 in Marburg als Sohn eines Amtsrichters aus protestantischem Pfarrhaus geboren und mit drei Brüdern und einer Schwester in Battenberg an der Eder und in Wallau an der Lahn aufgewachsen, trat Wolff schon mit vierzehn Jahren den Jusos bei. Nach dem Abitur in Biedenkopf meldete er sich dann dennoch zur Bundeswehr – dem Vater zuliebe, den er mit 17 Jahren durch einen Unfall verloren hatte. Aus dem gleichen Grund studierte er Jura, erst in Marburg, dann in Freiburg und seit 1967 in

Frankfurt. Nachdem er sich 38 Strafverfahren eingehandelt hatte, musste er allerdings auf eine juristische Laufbahn verzichten.

Mit Jörg Schröder, dem Geschäftsführer des Verlags Melzer, gründete Wolff den März-Verlag und 1970 gemeinsam mit dem Filmemacher Michel Leiner den Verlag Roter Stern, in dem die beiden unter anderem Vietnam-Broschüren sowie die Zeitschrift „Erziehung und Klassenkampf" herausbrachten. Mit einem „Räuberbuch" voller Schiller-Interpretationen bahnte sich Wolff den Weg zu den Klassikern. Doch bevor er an den Hölderlin-Experten D. E. Sattler geriet, zog er in die Altbauvilla in der Holzhausenstraße, die er noch heute mit seiner Gattin Cristina und mit Leiner bewohnt. Hier haben der Verleger und sein Buchgestalter ihre Kinder großgezogen, hier türmen sich Bücherkisten und Feuilletonstapel. In der Kantine im Erdgeschoss, wo Hauskater Scratchy sich auf einem ausrangierten Aquarium räkelt, werden noch immer die Editionspläne ausgeheckt.

Damals jedoch sah sich die Polizei hier gelegentlich nach „alten Bekannten" des Ex-Revoluzzers um. Deshalb gründete der Verleger 1979 eine Schweizer Tochterfirma in Basel, die er nach einer Hölderlin-Notiz „Stroemfeld" nannte. Das war sein Glück. Denn sein Lieblingskind trieb den Verlag in den Ruin. Auch die „Männerphantasien", Klaus Theweleits Bestseller, konnten den Roten Stern als Verlag nicht retten. Als Signet ziert der Stern noch immer die Kataloge des Stroemfeld Verlags, in denen sich der Bockenheimer Autor Peter Kurzeck und der Schweizer Dichter Gottfried Keller versammeln, der Einzige, um dessen Edition sich Wolff nicht zu sorgen braucht. Nachdem ihn die Deutsche Forschungsgemeinschaft im Stich gelassen hat, will er für sein Sorgenkind Kafka jetzt einen Förderantrag bei der EU stellen.

Von Claudia Schülke

Lutz Raettig

Lutz Raettig ist oft zu sehen in der Stadt, und er ist einer von denen, auf die Frankfurt schwer verzichten könnte. Nur wenige sind so unermüdlich auf dem Frankfurter Parkett unterwegs, und es finden sich noch wenigere, die sich in solch vielfacher Weise engagieren. Dass ein hochrangiger Banker in die Politik geht, ist sowieso die Ausnahme. Lutz Raettig, der Aufsichtsratsvorsitzende der Morgan Stanley Bank AG, hat sich diese Doppelbelastung angetan; im Mai 2006 wurde er in den Magistrat gewählt, nachdem er bei der Kommunalwahl auf der CDU-Liste von Platz 18 auf zwölf hochkumuliert worden war.

Der späte Schritt in die Politik – am 27. Januar wird Raettig 65 Jahre alt – hat dem Investmentbanker allerhand unverhoffte Erkenntnisse beschert, zum Beispiel jene, dass es dort viele Menschen gibt, die ungeheuer viel Zeit haben. Das jedenfalls lernte er auf seinen ersten Parteitagen. Der Römer wiederum erscheint ihm, bei allem Respekt, als „Papierproduktionsmaschine".

Solche ernüchternden Erfahrungen im Rathaus haben jedoch Raettigs Einsatz für Frankfurt, speziell in der Alten Oper, der Schirn und im English Theatre, nicht gebremst. Überhaupt lässt sich an Raettig studieren, dass aus Eingeplackten oft die heftigsten Frankfurt-Freunde werden. Denn geboren ist er in Berlin, aufgewachsen in Bremen. Seitdem kennt er auch Petra Roth aus der Tanzstunde. Ununterbrochen lebt Raettig in Frankfurt erst seit 1995, als er zum Vorstandsvorsitzenden der Deutschland-Tochter von Morgan Stanley ernannt wurde. Zuvor war er von der WestLB, bei der er fast zwei Jahrzehnte tätig war, und später von der Commerzbank auch in London und New York eingesetzt worden.

Raettig passt so gar nicht in das Bild, das viele von Investmentbankern haben; er ist nicht laut, nicht prätentiös, und er erweckt überhaupt nicht den Eindruck, er sei der Einzige, der wisse, wie es geht. Dabei wird sein Rat gehört, nicht nur bei Morgan Stanley, wo er auch nach dem Wechsel vom Vorstand in den Aufsichtsrat 2005 noch viele Stunden verbringt, sondern ebenso im Bundesverband deutscher Banken, dessen Vorstand er angehört, und dem Börsenrat der Frankfurter Wertpapierbörse, dem er vorsitzt. „Wir sind alle eingewoben in ein Gefüge", sagt Raettig über sein gesellschaftliches Engagement, das er sich mit seiner Frau, Katherine Fürstenberg-Raettig, teilt. Sie setzt sich vor allem für das Rheingau-Musik-Festival und die Frankfurter Oper ein.

So vielfältig sich Raettig auch in der Stadt umtut, sein Kerngeschäft bleibt der Finanzplatz. In Deutschland fehlt es ihm an einer ausreichenden Aktienkultur, doch fürchtet er nicht, dass Frankfurt als Bankenstandort im internationalen Wettbewerb generell an Bedeutung verlieren wird – schon deshalb nicht, weil die Bundesrepublik ein großer Markt sei. Die internationale Wirtschaft schätze zudem den guten Rechtsrahmen. Da spricht aus Lutz Raettig die Gelassenheit des Weitgereisten, der doch in Frankfurt eine Heimat gefunden hat.

Von Manfred Köhler

Ulrich Höller

Natürlich hat Ulrich Höller Angst gehabt, als er mit neun Jahren im Schwimmbad auf dem Zehn-Meter-Turm stand. Er werde springen, hatte er mit seinem Vater gewettet. „Denk nicht so lange darüber nach, tu es", hat er sich dort oben gesagt – und ist gesprungen. Dieses Erlebnis hat ihn geprägt. Den Mut zusammennehmen, sich entscheiden, das Angekündigte tun – mit dieser Lebenseinstellung hat es Höller weit gebracht, nämlich an die Spitze der DIC, der „Deutsche Immobilien Chancen", mit einem Vermögen von dreieinhalb Milliarden Euro eines der größten Immobilienunternehmen Deutschlands. Der Chef dieses Imperiums hat nicht abgehoben in eisige Managerhöhen, Höller, der Mann aus der trierischen Provinz, hat Bodenhaftung behalten. Man merkt das an Kleinigkeiten. Wenn er mit jemandem telefonieren möchte, ruft er selbst an und lässt sich nicht von einer Sekretärin erst ankündigen. Höllers Stärke ist seine Zielstrebigkeit: Hat er sich etwas vorgenommen, engagiert er sich mit Haut und Haar, bis er das Ziel erreicht hat. Ein Dauerläufer, nicht nur im Beruf, sondern auch sonst im Leben. Dreimal hat er sich allein in seiner Lieblingsstadt New York auf die Marathon-Strecke begeben. Keine Frage, dass Höller im Ziel angekommen ist. So wie er im Sommer auf dem Gipfel stehen wird, auf dem Gipfel des Kilimandscharo. Diese schwierige Tour auf einen Sechstausender, die er sorgfältig mit Freunden vorbereitet, wird ihm vermutlich eine jener Grenzerfahrungen bescheren, die er immer wieder einmal sucht und die ihm Einblicke in tiefere Schichten seiner Persönlichkeit ermöglichen.

Daraus zu schließen, dass Höller eine Abenteurer- oder gar eine Spielernatur ist, wäre falsch. Er hat sich lediglich Neugier auf die Welt bewahrt, den jugendlichen Hunger nach Erfahrung. Man spürt bei ihm noch eine Art Bubenhaftigkeit, die man beim Chef eines großen Börsenunternehmens nicht vermuten sollte. In der Tat ist Höller im Vergleich zu anderen Vorstandsvorsitzenden mit seinen 42 Jahren noch jung. Dass er früh in eine Führungsposition gekommen ist, verdankt Höller seinem Mentor, dem Inhaber einer Immobilienfirma in seiner Heimatstadt Trier. Der hat ihn nach seinem BWL-Studium in Mainz und Trier und weiteren Studien an der European Business School in Oestrich-Winkel sowie der Royal Institution of Chartered Surveyors 1991 als Assistenten eingestellt. Als die DIC 2000 dieses Unternehmen kaufte, war Höller schon Geschäftsführer und besaß Anteile. Zwei Jahre später wurde er DIC-Chef und baute das Unternehmen zu einem Immobilienriesen aus. Wenn Höller mit Freunden in Trier durch die Stadt geht, kann er ihnen am laufenden Meter Häuser zeigen, die er als Investor und Entwickler mitgebaut hat. In seiner neuen Heimat Frankfurt wird er bald auch Führungen zu seinen Projekten machen können: zur neuen Stadtbücherei an der Hasengasse, zum Bienenkorb-Haus auf der Zeil, zum Degussa-Gelände, das Höllers Unternehmen gekauft hat und zu einem lebhaften Quartier am Main mit Büros, Wohnungen und Kultur – der Neubau des Völkerkundemuseums soll dort gebaut werden – umgestalten möchte.

Zu Hochform läuft Höller auf, wenn er seine Freunde in die Welt des Weins führt. Der Mann aus Trier ist wahrscheinlich der einzige Marathon-Läufer der Welt, der die tieferen Wahrheiten eines Weins erkennt. Ob Grüner Veltliner aus der Wachau, die Rieslinge von der Mosel oder die Spitzengewächse aus Bordeaux oder Australien – Höller kennt nicht nur die Weine, sondern auch die Winzer. Wenn er mit seiner Frau und seinen beiden Kindern seiner Lieblingsbeschäftigung, dem Reisen, nachgeht, stehen nämlich immer auch Besuche bei Weinmachern auf dem Programm.

Von Hans Riebsamen

Achim Frenz

Auf den ersten Blick macht er einen ziemlich ernsten Eindruck, wie mitunter auch andere Menschen, die sich hauptberuflich mit der Sparte Humor beschäftigen. Dass Achim Frenz einen ausgeprägten Sinn für Witz und Satire – am liebsten in Form von Zeichnungen – besitzt, dass er gerne lacht und schon aus diesem Grund die komische Kunst in ihren diversen Erscheinungsformen zu seinem Lebensthema machte, ist auf Dauer aber unübersehbar. Seit 2000 leitet er „Caricatura", das Frankfurter Museum für komische Kunst, das in jenem Jahr auf Initiative des damaligen Kulturdezernenten Hans-Bernhard Nordhoff (SPD) gegründet wurde. Und für das sich dessen Nachfolger Felix Semmelroth (CDU) ebenfalls engagiert.

Frenz hat die Aufbauarbeit des neuen Museums, das im historischen Museum untergebracht ist, als „Solist" geleistet und bisher auch das gesamte, jedes Jahr vier Ausstellungen umfassende Programm, das mit einer vielbesuchten Schau von Chlodwig Poth seinen Anfang nahm. In den vergangenen acht Jahren hat Frenz, ein Experte für Karikatur und in dieser Szene hervorragend vernetzt, vielen namhaften Zeichnern komischer Kunst attraktiv inszenierte und beim Publikum sehr erfolgreiche Ausstellungen gewidmet: der Neuen Frankfurter Schule natürlich und ihren einzelnen Mitgliedern wie Hans Traxler, Robert Gernhardt, F. K. Waechter oder F. W. Bernstein. Zudem hat Frenz mit Werkschauen von Bernd Pfarr, Greser und Lenz, Manfred Deix, Gerhard

Glück, Ernst Kahl oder mit der Ausstellung „Lachende Frauen“ zahlreiche Besucher ins Museum geholt. Nun beginnt demnächst eine neue Ära: In den Sommermonaten zieht das Museum für komische Kunst (kürzer und besser hieße es so), wenn es organisatorisch auch beim historischen Museum bleibt, ins Leinwandhaus. Derzeit wird das schöne gotische Gebäude für die neue Nutzung noch umgebaut. Ob sich Frenz wohl auf die künftige Nachbarschaft zum Dom vorbereitete, als er vor einigen Jahren die Ausstellung mit kessen Karikaturen zu frommen und weniger frommen Themen unter dem Titel „Unseren täglichen Witz gib uns heute“ präsentierte?

In Bremerhaven 1957 geboren, ging Frenz 1979 zum Kunststudium nach Kassel, wo er bald die Gruppe „Visuelle Opposition“ mitgründete, die gegen den eingefahrenen Lehrbetrieb protestierte. Zum Glück tat sich eine Alternative auf: F.K. Waechter lud damals die 25 aufmüpfigen Studenten in sein Wochenendhaus im Vogelsberg ein und lehrte sie dort die Kunst des gezeichneten Witzes.

Einige Jahre arbeitete Frenz dann als Karikaturenzeichner und Redakteur beim „Pflasterstrand“ – eine wichtige Erfahrung, wie er sagt. In Kassel gründete er 1984 den Verein „Caricatura“, der mit seiner Schau „70-mal die volle Wahrheit“ einen starken Auftritt bei der Documenta 8 hatte, einen Kulturförderpreis erhielt und 1995 als Galerie für Karikatur, Cartoon, Komik und Kritik im Kulturbahnhof Kassel etabliert wurde.

Wenn das Frankfurter Museum für komische Kunst nun in absehbarer Zeit mit dem Leinwandhaus ein zentrales und wahrhaft repräsentatives Quartier erhält, wird sich für dessen Leiter ein Traum erfüllen – mit einer freilich bitteren Einschränkung: Dass der Nachlass von F. K. Waechter, dem von Frenz so verehrten Künstler, nach Hannover ins Wilhelm-Busch-Museum geht, hat ihn tief getroffen.

Von Konstanze Crüwell

Jan Gerchow

Bibliothekar wollte er werden. Diesen Berufswunsch hatte Jan Gerchow noch angegeben, als vor drei Jahrzehnten die „Braunschweiger Zeitung“ traditionell die Namen der Abiturienten in der Stadt veröffentlichte. Jetzt ist er Museumsleiter, erster Mann des Historischen Museums Frankfurt – und keinesfalls darüber unglücklich. „Ich fühle mich vom Schicksal ganz und gar nicht schlecht behandelt.“ Der Fünfzigjährige empfindet es als Privileg, ein Haus wie das Historische Museum leiten zu dürfen.

Schließlich gibt es nur wenige Geschichtsmuseen in Deutschland, die vergleichbar reiche Sammlungen vorweisen können. Und Kaiser sind nicht in München oder Berlin, sondern in Frankfurt gewählt worden. Gerchow hat die kaiserliche Chance ergriffen und sofort nach seinem Amtsantritt 2004 zusammen mit den Kollegen des Jüdischen Museums, des Dommuseums und des Instituts für Stadtgeschichte die hernach hochgelobte Ausstellung „Die Kaisermacher“ geplant.

Mit dem Amt des Museumsdirektors ist Gerchow ein Nebenberuf zugefallen, der eines Bauherrn. Als er nach Frankfurt kam, wusste er noch nicht, wie verhasst vielen Frankfurtern der Betonklotz des Historischen Museums an der Saalgasse war und dass viele in der Politik für einen Neubau eintraten. Anfangs lehnte Gerchow einen Abriss ab, doch als sich herausstellte, dass der von ihm favorisierte Umbau mehr als 20 Millionen Euro kosten würde, schwenkte er um. Jetzt kämpft er mit aller Macht darum, dass der versprochene Neubau möglichst bald verwirklicht wird. Zuvor muss er noch den Umbau der zum Main hin gelegenen historischen Museums-Gebäude organisieren, die Umwandlung des Leinwandhauses zum Karikaturenmuseum überwachen und die museale Herrichtung des Bolongaropalastes in Höchst begleiten. Kein Wunder, dass er sich manchmal mehr als Bauleiter denn als Historiker vorkommt. Dabei versteht er sich doch als Forscher. Hat sich jedenfalls so verstanden, seitdem er nach seinem Studium der Geschichte, Germanistik und Philosophie in Freiburg und im englischen Durham seine Karriere als Assistent am Lehrstuhl für mittelalterliche Geschichte in Freiburg begann. Als er später als Referent beim Max-Planck-Institut für Geschichte in Göttingen fachliche Differenzen mit dem Institutsleiter hatte, erinnerte er sich seiner Erfahrungen beim Augustinermuseum in Freiburg, wo er noch als Universitätsassistent an einer Ausstellung mitgearbeitet hatte. Kurz entschlossen bewarb der junge Historiker sich mit dieser Referenz beim Ruhrlandmuseum in Essen – und wurde als Seiteneinsteiger Kurator für die Geschichte des Ruhrgebiets vor der Industrialisierung.

In Essen hat der Mittelalterexperte mit den Schwerpunkten Stadt- und Klostergeschichte danach nicht nur einige bemerkenswerte Ausstellungen kuratiert, sondern auch seine Frau kennengelernt, die noch heute die archäologischen Sammlungen des mittlerweile in Ruhr-Museum umbenannten Hauses betreut. Der Lebensmittelpunkt des Ehepaares ist inzwischen Frankfurt, wo ein Sohn zur Schule geht, während der andere in London studiert.

In bemerkenswert kurzer Zeit hat sich Gerchow in Frankfurt zurechtgefunden und Ansehen in der Politik, in der Verwaltung und bei historisch Interessierten gewonnen. Das Historische Museum, das lange den Schlaf des Dornröschens schlief, ist unter seiner Führung aufgewacht. Man darf noch viel erwarten.

Von Hans Riebsamen

Gabriele Scherle

Wer von Schulnoten auf die spätere Berufswahl schließen mag, muss sagen: Gabriele Scherle hat es richtig gemacht. Die für das Rhein-Main-Gebiet zuständige Pröpstin der evangelischen Kirche in Hessen und Nassau (EKHN) hatte immer eine Eins in Religion. Und doch: Pfarrerin wurde sie erst auf Umwegen. Studieren durften in der badisch-pietistisch-bäuerlichen Familie, in der sie aufwuchs, nur Männer. Gabriele Scherle aber blieb am Ball – und die sympathische Hartnäckigkeit, die sie sich erwarb, kommt ihr auch in ihrem jetzigen Amt zugute. Es gibt viel zu regeln in ihrer Propstei mit 150 Gemeinden in Frankfurt und dem Umland. Sie muss Gemeinden visitieren, Pfarrer ordinieren, Dienstgespräche mit Dekanen führen und den Spagat zwischen den Bedürfnissen einzelner Gemeinden und denen der EKHN-Zentrale in Darmstadt meistern. Denn Scherle gehört, wie die anderen fünf Pröpste, zum leitenden geistlichen Amt, dem bischöflichen Kollektiv an der Spitze der Landeskirche.

Noch muss man sagen. Denn es gibt Bestrebungen, dieses Gremium abzuschaffen und die Stellung eines Bischofs als vornehmlichem Repräsentanten zu stärken. Die Grundsatzdebatte darüber wird die EKHN, die immer wieder gerne ihre Vielfalt unter Beweis stellt, sicherlich noch eine Weile beschäftigen. „Ich bin damit zufrieden, wie es jetzt ist" – weitere Kommentare möchte Scherle offiziell nicht geben. Sie hat in dem Amt, das sie erst seit eineinhalb

Jahren innehat, die öffentliche Wirkung ihrer Worte einzuschätzen gelernt. Darauf wird nun mehr geachtet als in den Ämtern, die sie vorher hatte: Sie war Leiterin eines Bildungszentrums der evangelischen Kirche in Deutschland in Gelnhausen, Friedenspfarrerin der EKHN, Pfarrerin in Neu-Isenburg und als Diplom-Sozialarbeiterin bei christlichen Friedensdiensten tätig.

Sozialarbeiterin wollte sie werden, weil ihr eine Lehre beim Finanzamt nicht reichte, was besonders ihrem Vater missfiel. Doch auch die Sozialarbeit war ihr nicht genug, 1979 nahm sie das Theologiestudium auf. Die Strukturdebatten in der EKHN, mit denen sie sich nun, fast 30 Jahre später, in verantwortungsvoller Stelle befassen muss (die um das leitende geistliche Amt ist nicht die einzige), sieht sie mit einem gewissen Unbehagen: „Die Kirche darf nicht zum Selbstzweck werden."

Einen wichtigen Gesprächspartner für Themen wie diese wird sie in ihrem Mann haben: Peter Scherle leitet das theologische Seminar der EKHN in Herborn; dort werden Pfarrer ausgebildet. Seit ihrem Amtsantritt wohnt das Paar in Frankfurt an der Saalgasse, dem Dienstsitz der Pröpstin. Auch deswegen schätzt die 1952 geborene Gabriele Scherle ihr Amt: Die „pulsierende" Stadt hat es ihr angetan. Ihrer Kirche empfiehlt sie mehr Selbstbewusstsein, ja Stolz: „Es geschieht viel Gutes in Gemeinden, in den Kirchenvorständen sitzen tolle Leute, die Nachfrage von Menschen nach lebensbegleitenden Gottesdiensten und Ritualen wächst." Dass ihr vorgeworfen werden kann, sie rede damit die Lage ihrer Kirche schön, ist ihr bewusst. Aber sie bleibt dabei: „Wir müssen weg davon, immer nur auf die Defizite zu schauen." Es sind nicht nur die Worte Scherles, die Hoffnung vermitteln wollen, sondern auch ihr Habitus: Über kirchliche Strukturen redet sie mit angemessenem Ernst, zu leuchten beginnen ihre Augen erst dann, wenn sie über ihren Glauben spricht und dessen Kraft. Dann verbreitet sie eine Aufbruchstimmung, die es noch zu selten gibt in ihrer Kirche.

Von Stefan Toepfer

Hans Reckers

Er kennt die Politik, er kennt die Finanzwirtschaft. Denn bevor ihn die Politik in den Vorstand der Deutschen Bundesbank berufen hat, war Hans Reckers politischer Beamter. Zuerst persönlicher Referent von Bundesfinanzminister Gerhard Stoltenberg, dann Leiter von dessen Ministerbüro. Mit Zahlen kann der Jurist Reckers umgehen, vor allem mit Haushaltszahlen. Schließlich hat er von 1993 bis 1998 unter der Regierung Kohl als Leiter der Haushaltsabteilung im Bundesfinanzministerium entscheidend mitgewirkt an den Entwürfen des Bundeshaushalts. Mit der Ministeriumskarriere war es zu Ende, als 1998 Oskar Lafontaine Finanzminister der neuen rot-grünen Bundesregierung wurde – der CDU-Mann Reckers musste, wie es bei Regierungswechseln üblich ist, als Mann der Verliererpartei ausscheiden.

Er wurde, obwohl Mitglied von Roland Kochs Schattenkabinett, 1999 nicht Finanzminister Hessens, sondern „nur" Präsident der Landeszentralbank in Hessen. Aber was heißt hier nur? Dieses Amt hat Reckers den Weg eröffnet in das Führungsgremium der Deutschen Bundesbank. Kein Bundesfinanzminister und kein Ministerpräsident kann ihm hier Anweisungen geben, die Bundesbank pocht traditionell auf ihre Unabhängigkeit, Reckers ist das nur allzu recht.

Unter anderem ist er zuständig für „Bargeld". Mit Säcken voller Geldscheine läuft er deshalb aber nicht im Hauptquartier an der Wilhelm-Eppstein-

Straße herum. Vielmehr hat er dafür zu sorgen, dass die Banken von der Notenbank zuverlässig mit Banknoten beliefert werden. Und er muss die „Blüten“ aus dem Verkehr ziehen. Vielmehr: Seine Mitarbeiter müssen unter seiner Führung dafür sorgen, dass kein Falschgeld in Umlauf kommt. Außerdem ist Reckers für das Risiko-Controlling zuständig. Einfacher ausgedrückt: Reckers ist für die deutschen Währungsreserven verantwortlich, muss also entscheiden, wie viel Gold die Bundesbank hortet, wie viele amerikanische Staatspapiere in ihr Portfolio kommen, wie viele Yen in die Rücklage gehen. In Reckers Aufgabenfeld fällt auch das Ressort „Finanzplatzfragen“. Frankfurter sollten bei diesem Begriff die Ohren spitzen. Denn ihre Stadt ist Deutschlands Finanzplatz Nummer eins – und dass Frankfurt dies auch bleibt, dafür arbeitet Reckers. Auch dafür, dass die Finanzmetropole im Konkurrenzkampf mit anderen Finanzmetropolen besteht. Einfach habe es Frankfurt nicht, sagt Reckers, doch mit der Europäischen Zentralbank, mit der Börse – wenn auch bald in Eschborn ansässig – und dem neugegründeten House of Finance an der Universität besitze die Mainmetropole mindestens drei Trümpfe.

Auch als Bankmanager ist der vierfache Vater ein Homo politicus geblieben. Schon in seiner Jugend befiel den 1953 in Rheine geborenen und in Salzbergen im Emsland aufgewachsenen Reckers der Virus der Politik. Als Anti-Achtundsechziger hat er als Schüler in Niedersachsen den Verband kritischer Schüler gegründet, die Vorgängerorganisation der Schüler Union, als Student war er zwei Jahre lang Vorsitzender des Rings Christlich-Demokratischer Studenten (RCDS). Ihn, der aus einem katholischen Milieu stammt und der selbstverständlich Ministrant war, hat die katholische Soziallehre geprägt. In der Tradition seines Mentors Stoltenberg ist Reckers auch als Bankmanager ein überzeugter Anhänger der Sozialen Marktwirtschaft geblieben.

Von Hans Riebsamen

Elisabeth Schweeger

Das Bild im Kopf ist trügerisch. Wir können sie uns gar nicht anders vorstellen als mit der Selbstgedrehten im Mund. Aber sie raucht seit elf Monaten nicht mehr. Schon vor sieben Jahren habe sie sich vorgenommen, in Frankfurt gesund zu leben. 2001 war sie als Nachfolgerin von Peter Eschberg Leiterin des Schauspiels geworden. Aber erst seit knapp einem Jahr hat sie den Vorsatz, von der Zigarette Abstand zu nehmen, in die Tat umgesetzt.

Womöglich haben die Anfangsjahre auch zu sehr die Nervosität der 1954 in Wien geborenen Theaterchefin gefördert, um das Qualmen zu lassen. Denn weder sich noch dem Publikum hat es die Frau mit den zu Berge stehenden Haaren leicht gemacht. So hat es eine Weile gedauert, bis sie tatsächlich in Frankfurt angekommen ist. „Dabei mache es einem die Stadt leicht, in ihr Fuß zu fassen", sagt sie. Die meisten Menschen, mit denen sie es hier zu tun habe, seien keine Frankfurter. Für viele sei die Stadt eine Durchgangsstation. „Die Stadt ist unprätentiös, das gefällt mit. Es gibt hier nicht so einen Dünkel wie anderswo."

Ihren Hauptwohnsitz hat sie freilich nie an den Main verlegt: Im ersten Bezirk der österreichischen Hauptstadt ist sie wirklich zu Hause. Oder doch eher auf ihrer Hütte in Tirol, tausend Meter hoch gelegen, ein idealer Ort, um die Gedanken fliegen zu lassen? „Ich fühle mich sauwohl in Wien", sagt Elisabeth Schweeger. „Ich fühle mich sauwohl in Tirol. Und ich fühle mich auch wohl in

Frankfurt." Ihr Sohn ist damals nicht mit nach Frankfurt gekommen. 25 Jahre ist er heute alt. „Das Herzstück sind die Kinder", sinniert die Intendantin.

Eine Atmosphäre von Angestrengtheit und Überforderung hatte sich nach ihrem Einzug im Haus am Willy-Brandt-Platz ausgebreitet. Die in den dissonanten Wonnen der genreübergreifenden Avantgarde und der neueren französischen Philosophie schwelgende, in vielerlei Künsten bewanderte Kulturmanagerin wollte dem Publikum etwas zu denken geben. Und geriet dabei in einen Eifer, der manche verschreckte und andere ratlos zurückließ. Dabei hatte sie alles Recht der Welt anzunehmen, dass in Frankfurt, der Stadt Horkheimers und Adornos, Offenheit herrsche für die Moderne. Und rechnete wohl nicht mit so viel Widerstand gegen formale Experimente auf der Bühne und in anderen Räumen.

Allmählich jedoch lockerte sich die Stimmung. Mit der „Russendisko" oder dem „Bucovina Club" zog sie junge Besucher an, mit einer verstärkten Hinwendung zum im großen Hirschgraben geborenen Weltliteraten Goethe näherte sie sich den besten Frankfurter Traditionen, und im Lauf der Zeit stellte sie immer mehr die Schauspieler in den Vordergrund. Die Lust am Spekulativen hat sie sich bewahrt, mit ihren philosophischen Salons, aber auch mit Kongressen und anderen Theorie-Veranstaltungen. Die Intendantin hofft, dass die „Verbürgerlichung", die derzeit zu beobachten sei, „der Moderne in Frankfurt nicht den Garaus macht". Denn ein Theater, das mehrere Perspektiven auf die Werke bietet, hält sie immer noch für unabdingbar. Und eines, das einen Freiraum für unkonventionelle Gedanken lässt. Selbst wenn diese in der Kantine formuliert werden. Die Kantine mit ihrer Glasfront zur Straße hin einzurichten gehörte schließlich zu den ersten Taten der Intendantin, die nur noch eine Spielzeit am Theater bleibt. „Was danach kommt", sagt sie, „darüber schweige ich."

Von Michael Hierholzer

Constanze Kleis

Von Büchern auf ihre Verfasser zu schließen ist verlockend. Und riskant. Dennoch wollen Leser wissen, wer für sie schreibt, deshalb besuchen sie Lesungen, sehen Talkshows. Vielleicht auch die von Reinhold Beckmann, montags nachts in der ARD. Vor ein paar Monaten war dort Deutschlands bekannteste Autorin und ehemalige Radiomoderatorin zu Gast, die mit einem halbdokumentarischen Werk über den Diätenterror ihren Durchbruch hatte. Und neben Susanne Fröhlich saß die Frau, die etliche Bücher mit ihr zusammen geschrieben hat, aber nicht so oft im Rampenlicht steht.

Constanze Kleis spricht ruhig und immer freundlich, ziemlich leise. Und lässt in jedem Gespräch beinahe druckreife Sottisen fallen. Über Männer, über Männer und Frauen, über das Machtverhältnis zwischen Männern und Frauen und darüber, wie es sich auf den Alltag auswirkt. Dass Geschlechterdifferenzen einmal ihr Spezialgebiet werden würden, hat Kleis nicht geahnt, als sie vor mehr als 20 Jahren zu schreiben begann. Es hat sich, wie das oft der Fall ist, mehr oder weniger ergeben. Einmal eine Kolumne zum Thema Partnerschaft in einer Zeitschrift veröffentlicht, dem Chef gefällt sie – er bestellt die nächste. Woanders wird das auch gelesen: Wäre so etwas nichts für uns? So lief es in den guten Jahren, als der Medienmarkt noch kräftig wuchs und Autoren einfacher und zu besseren Konditionen ein Auskommen fanden als heute. Und natürlich hat alles eigentlich viel früher begonnen. Als Jugendliche hat Constanze Kleis an der Schülerzeitung ihres Gymnasiums mitgearbeitet, diese trug den schönen Namen „Fallbeil". Da wurden die Grundlagen gelegt für den Spaß am Umgang mit Worten, später bekam sie eine herausragende Wertung auf Sprache und Stil in der Abschluss-Arbeit ihres Pädagogik-Studiums.

Kleis, geboren 1959, stieg also nach dem Studium in den Journalismus ein, als freie Autorin bei der Frankfurter Neuen Presse. Sie nahm eine Abzweigung Richtung Frauenzeitschriften bei einem Magazin in München, in Frankfurt war sie später dem Pflasterstrand-Nachfolger Journal Frankfurt verbunden, mit langen, aufwendig recherchierten Reportagen zu Themen, die in der Branche bunt heißen. Ihr erstes Buch („Frankfurt – das Insiderlexikon") veröffentlichte sie 1997.

Anfang der neunziger Jahre hat sie Susanne Fröhlich kennengelernt, seither sind die beiden einander eng verbunden, „beste Freundinnen", sagen sie. Und sie sind Geschäftspartnerinnen, die offenkundig voneinander profitieren. Wer wie viel von wem, ist nicht genau zu berechnen. Die eine hat wohl etwas davon, mit einer noch Bekannteren arbeiten und sich darüber einen Namen machen zu können, der bei Verhandlungen in der beinharten Buchbranche mehr und mehr Gewicht bekommt. Die andere lässt sich vom distinguierteren Sprachwitz der seit vielen Jahren Printgeschulten inspirieren. Und wer mit beiden gemeinsam spricht, erlebt zwei, die sich in der Pointen-Findung ergänzen wie bei einem Ping-Pong-Spiel. Überlegungen wie die, statt in eine teure Creme zur Faltenvermeidung sollten Frauen lieber in ihre Altersvorsorge investieren, weil ein sorgenfreier Lebensabend entspannte Gesichtszüge mit sich bringe, sind typisch dafür.

Wenn Constanze Kleis keine Bücher schreibt, arbeitet sie nach wie vor für Zeitungen und Magazine. Sie lebt mit ihrem Mann im Frankfurter Westen, ohne Auto, beide sind bekennende Radfahrer, Bahn-Nutzer und begeisterte Reisende mit einer Vorliebe für ausgedehnte Städtetrips.

Von Jacqueline Vogt

Sabine Fischmann

Dass sie auf der Bühne geistreich und vielseitig ist, weiß ganz Frankfurt. Dass sie sich vor Publikum häufig einsam und nach Aufführungen oft schüchtern fühlt, ist wenigen bekannt. Sabine Fischmann, die vielseitig Begabte, die Sängerin, Schauspielerin und Musikerin, spricht über die kleine Künstlerschwäche mit derselben Offenheit, mit der sie sich beim Gespräch im Café den beiden Frauen am Nebentisch zuwendet. Sie arbeiten als Hebammen in dem Krankenhaus, in dem Fischmann Anfang März ihr erstes Kind zur Welt gebracht hat, da muss die Gelegenheit für ein wenig Fachsimpelei genutzt werden.

Ihre kleine Tochter, sagt Fischmann, sei ein Wunschkind. Dabei hätten viele Bekannte sie gefragt, warum sie sich ausgerechnet jetzt in dem Moment für ein Kind entscheide, da ihre Karriere gerade so gut laufe. Aber Sabine Fischmann liebt es, das Unerwartete zu tun. „Andere achten darauf, möglichst gut in eine Schublade zu passen, ich achte darauf, so gut wie möglich in keine Schublade zu passen."

Angefangen mit dem Andersmachen hat die 1974 geborene Tochter einer Familie „aus der katholischen Kirchenmusikecke" spätestens zu Studienzeiten. Nach dem Abitur ging sie an die Frankfurter Hochschule für Musik und darstellende Kunst, weil ihr schien, dass sie sich dort wohlfühlen werde. So kam es auch, allerdings erst nach Anlaufschwierigkeiten. Das Studium engte sie zunächst ein, die Kammermusik machte der mehrfachen Preisträgerin des Wettbewerbs „Jugend musiziert“ plötzlich keine Freude mehr, das Klavierspiel bereitete ihr körperliche Beschwerden.

Ihre Lehrer, die ihre Begabung erkannten, halfen ihr, indem sie eigens für sie einen Aufbaustudiengang Chansongesang schufen. Seitdem ist alles in Ordnung. „Ich kann nicht nur eins machen“, sagt Fischmann und tut seit ihrem mit Auszeichnung bestandenen Konzertexamen das, was sie will. Dieses und jenes also und am besten alles zugleich. Sie singt und spielt, ist komisch und melancholisch und hat inzwischen auch Regie geführt, beim Kammermusical „Die fromme Helene“ nach Wilhelm Busch, das sie mit dem Komponisten Markus Neumeyer und ihren ehemaligen Lehrern Till Krabbe und Berthold Possemeyer aufführt. Mit erprobten Weggefährten wie Frank Wolff und Birgitta Linde arbeitet sie ohnehin gerne zusammen. Schließlich sei der Mensch ein Rudeltier und nicht dazu gemacht, allein auf der Bühne zu stehen. Was herauskommt, wenn sie sich mit Michael Quast zusammentut, kann man heute um 20 Uhr im neuen Theater Höchst erleben, wo die beiden noch einmal ihre umjubelte Zweipersonenfassung von Mozarts „Don Giovanni“ zeigen.

Mit ihrem Freund Ali Neander, Gitarrist bei den Rodgau Monotones, wohnt Sabine Fischmann in Sachsenhausen, zusammen mit seinen 30 Gitarren und ihren eigenen Musikinstrumenten. Freunde drängen sie dazu zu unterrichten, aber sie findet, das habe noch Zeit. Welche pädagogische Begabung brachliegt, zeigt sich, wenn sie die Rituale des klassischen Konzertsaals beiseitewischt und sich vorstellt, wie schön das Ende eines Liederabends sein könnte, wenn Künstler und Publikum gemeinsam „Guten Abend, gut' Nacht“ sängen. Bis es so weit ist, kümmert sich Fischmann um ihre vor einiger Zeit begründeten Benefizkonzerte und macht sich im neuen Auto auf den Weg zu ihren zahlreichen Engagements. Dabei sagt sie von sich, sie sei ein „Hierbleiber“. Aber da muss sie sich irren. Dazu ist sie viel zu unternehmungslustig.

Von Florian Balke

Volker Mosbrugger

Der Herr der Saurier mag herbe Getränke: morgens, im Büro, chinesischen grünen Tee, den er bei seiner Geländeforschung dort schätzen gelernt hat. Heute bringen ihm die chinesischen Kooperationspartner ab und an welchen mit, wenn sie nach Frankfurt kommen. Abends auf der Terrasse der Bockenheimer Wohnung darf es auch gern ein tanninreicher Rotwein sein.

Insofern hatte Volker Mosbrugger, der Direktor des Senckenberg-Instituts, auch keine Schwierigkeiten, sich an den „herben Charme" Frankfurts zu gewöhnen, wie er sagt. Im Vergleich zu den anderen Stationen seines Lebens, dem Geburtsort Konstanz am Bodensee, den Studienorten Freiburg und Montpellier und den Orten seiner wissenschaftlichen Karriere Bonn und Tübingen, sei Frankfurt nicht gar so schön. Dafür aber sehr dynamisch – und das ist für einen Forscher, der sich mit Evolution beschäftigt, hochinteressant. Abgesehen davon ist Mosbrugger kein Wissenschaftler, der sich nur für sein Fach interessiert, die Vielfalt der Stadt hat es ihm angetan. Mit dem Fahrrad hat er schon einen guten Teil der Region erkundet und schwärmt von den „sagenhaften Buchenwäldern"; wenn er Zeit hat, ist der Naturliebhaber im Theater ebenso anzutreffen wie beim Joggen im Grüngürtel.

Seit zweieinhalb Jahren steht der Paläontologe Mosbrugger dem Institut an der Senckenberganlage vor, das zu den größten Forschungseinrichtungen Deutschlands zählt – was auch viele Frankfurter, die im Senckenberg-Museum zwischen Tyrannosaurus und Diplodocus Kindheitstage verbrachten, nicht wissen. Seit einigen Jahren steigert nicht nur das Museum kontinuierlich seine Besucherzahlen, das weiter wachsende Institut arbeitet auch erfolgreich daran, sein Image zu ändern.

Das liegt auch an Mosbrugger, dem daran gelegen ist, sowohl das „Institut mit angegliedertem Museum“ mehr ins Bewusstsein der Bürger zu bringen, als auch die Themen Artenvielfalt und Klimawandel in den Mittelpunkt zu rücken. Dass die Wirtschaft diese als Chance und neuen Markt begreifen sollte, ist das jüngste Betätigungsfeld des Professors, der an der Goethe-Universität lehrt und der Otto Stern School für Graduierte vorsteht. Denn so wie der 1953 geborene Leibnizpreisträger seit vielen Jahren die komplexen Zusammenhänge von Ökosystemen erforscht, tragen die Wissenschaftler in Frankfurt und den zahlreichen Außenstandorten des Senckenberg-Instituts zur Biodiversitätsforschung bei, von der Meeresforschung bis zur Untersuchung prähistorischer Gebisse, die Aufschluss geben über die Ernährung früher Menschen. Von den Dinos zu den ökologischen und ökonomischen Gefahren des massenhaften Artensterbens zu gelangen gelingt Mosbrugger in Vorträgen vor Laien und Fachleuten spielend – mag er in seinem dezenten Badisch auch darauf hinweisen, in 600 Millionen Jahren verglühe die Erde sowieso.

Vielleicht hat seine Vermittlungsgabe damit zu tun, dass der Vater zweier erwachsener Töchter wie seine Frau, die er im ersten Semester kennenlernte, Biologie und Chemie zunächst für das Lehramt studierte. Meeresbiologe hatte er dann werden wollen. Nun leitet er einen Forschungstanker und sieht höchst zufrieden dabei aus. Nur das Klavierspiel kommt etwas zu kurz: Mosbrugger, ein passionierter Leser, beginnt den Tag um sechs Uhr mit den Tageszeitungen und zwei Stunden ruhigen Arbeitens vor der „Flut des Tagesgeschäfts“. Und wenn er abends nach Hause kommt, will er weder Frau noch Nachbarn mit Übungsstücken stören.

Von Eva-Maria Magel

Stefan Körzell

Wegducken fällt dem hessischen DGB-Vorsitzenden Stefan Körzell schwer. Das hat auch etwas mit seiner Körpergröße zu tun: Der Sohn eines Bergmanns und einer Hausfrau aus Wildeck-Bosserode im Nordosten Hessens ist gut zwei Meter groß. Mag sein, dass eine solche körperliche Unübersehbarkeit auch nach innen wirkt. Jedenfalls bietet schon der Beginn seines beruflichen Werdegangs einen Beleg dafür, dass es dem Wesen des heute Fünfundvierzigjährigen nicht entspricht, Ratschlüsse höherer Hierarchiestufen allein deshalb gebeugt und schweigend hinzunehmen, weil sie eben von oben kommen: Noch während der 1980 begonnenen Ausbildung zum Maschinenschlosser bei den Rothenburger Metallwerken will Körzell die Übernahme aller Auszubildenden in eine Festanstellung durchsetzen. Das IG-Metall-Mitglied gründet eine Betriebsjugendgruppe, was bei der Unternehmensleitung wenig Begeisterung hervorruft, wie sich Körzell erinnert. Tatsächlich werden 1984 alle Auszubildenden übernommen, alle, bis auf Stefan Körzell. Er wird fristlos gekündigt, nach mehreren Verfahren vor Arbeitsgerichten wieder eingestellt, 1985 endet der Disput mit einem Vergleich. Bevor Körzell 1990 als Nachwuchssekretär zum DGB im Kreis Fulda wechselt, steigt er in seinem Lehrbetrieb nach einer Weiterbildung schließlich zum Schichtführer auf. Heute spricht er darüber mit der Gelassenheit desjenigen, der die Auseinandersetzungen ohne größere Blessuren überstanden und den Ring sozusagen als Sieger verlassen hat. Damals wird er nicht immer so gelassen geblieben sein. Aufbrausen kann er auch heute noch, beispielsweise dann, wenn man Gewerkschafter als Blockierer bezeichnet. Das ärgert ihn sehr, weil er sich und sein Haus für fair und im Grunde auch für kooperativ hält – soweit das vertretbar ist. Tatsächlich gilt er, vielleicht auch wegen seiner im persönlichen Umgang freundlichen, unkomplizierten und bescheidenen Art, in den Arbeitgeberverbänden nicht als Angstgegner.

Andererseits weiß Körzell, dass ein DGB-Landeschef auch Härte und Unnachgiebigkeit demonstrieren muss. Besonders leicht fällt ihm das, wenn es um Ausbildung geht. Die Not und Frustration junger Menschen, deren erster Kontakt zum Berufsleben in einem ganzen Stapel von Absagen besteht, kennt er aus eigener Erfahrung. Man glaubt es dem mit einer Lehrerin verheirateten Vater eines 22 Jahre alten Sohns, wenn er sagt, dass es für ihn eine der wichtigsten Aufgaben ist, jungen Menschen solche niederschmetternden Erfahrungen zu ersparen. In Deutschland dürfte es aus seiner Sicht entweder keinen Fachkräftemangel geben oder keine Unternehmen, die nicht ausbilden. Sich sonntags in Fernseh-Talkshows darüber beschweren, dass gut ausgebildeter Nachwuchs fehle, es selbst aber unterlassen zu haben, rechtzeitig in die Ausbildung von Fachkräften zu investieren, das sei leider noch immer eine typische Haltung in Teilen der deutschen Wirtschaft, sagt Gewerkschafter Körzell.

Die Karriere innerhalb des DGB setzt sich fort mit dem Posten des Organisationssekretärs im Kreis Hersfeld-Rotenburg. 1997 DGB-Chef in dem Kreis, der inzwischen DGB-Kreis Hersfeld-Eschwege heißt, 2000 kommissarischer DGB-Chef in Kassel, 2001 im DGB-Kreis Waldeck-Schwalm-Eder, parallel dazu Vertreter des DGB im AOK-Regionalrat, Vorsitzender verschiedener Ausschüsse in der Arbeitsverwaltung. Daneben qualifiziert sich Körzell nebenher zum Organisationsmanager, genau, wie sich das für einen gehört, der allenthalben darauf hinweist, wie wichtig die Chance für eine Weiterqualifizierung im Beruf ist. Im Februar 2002 löst Körzell schließlich Dieter Hooge an der Spitze des DGB in Hessen und Thüringen ab. Einige im DGB und auch bei den hessischen Sozialdemokraten trauen Körzell noch andere Ämter zu, auch in der Politik.

Von Jochen Remmert

Thomas Reichert

Der Hof des Königs von Höchst misst nur 40 Quadratmeter. So klein ist der Metzgerladen namens „Haxen-Reichert“ an der Königsteiner Straße, Lagerräume inklusive. Der Raum ist derart knapp bemessen, dass nur für eine Schneidemaschine Platz ist. Vor ihr stehen die Verkäuferinnen Schlange, wenn der Laden voll ist. Die kleinen Wartezeiten nehmen die Stammkunden gern in Kauf. Denn sie wissen, dass sie Thomas Reichert füllen wird. Der Chef, der oft selbst im Laden steht, redet gern und schnell und charmant. Er hat ein freundliches Wort für jeden; und er hat dabei noch die Muße, den Blick über die Straße schweifen zu lassen, um nach Bekannten unter den Passanten Ausschau zu halten. Es sind viele. Reichert bezeichnet sich selbst als Höchster Bub, auch wenn er mittlerweile mit seiner Frau in Dauborn im Kreis Limburg-Weilburg wohnt. 1962 wurde er in dem Stadtteil geboren, als älterer Sohn einer Metzger-Dynastie. Der Großvater war einst aus Schwäbisch-Hall zugewandert, ein Armutsflüchtling, wie Reichert sagt, der die Lebensdaten der Vorfahren genau parat hat. Reicherts Vater baute den Betrieb aus. Das Stammhaus an der Brüningstraße lag strategisch günstig direkt vor dem östlichen Werkstor der Farbwerke. Die Arbeiter kamen nach Feierabend in die holzgetäfelte Gaststube der Metzgerei, es war die Zeit, als der „Industriepark stank und krachte“. Und als in der kleinen, heute stillen Stichstraße zum Main mehr als 30 Kinder lebten. In den neunziger Jahren veränderte sich das Werk und mit ihm der Stadtteil, beide Seiten entfremdeten sich voneinander. Der junge Reichert, der damals den Betrieb übernahm, stellte sich auf den Wandel ein. Er mietete das Ladenlokal an der Königsteiner Straße, in dem bis heute der meiste Umsatz gemacht wird. Mittlerweile ist noch ein kleiner Stand in der Höchster Markthalle hinzugekommen, weil Reichert beobachtet hat, dass sich auf dem Markt jenes bürgerliche Publikum bewegt, das immer seltener auf der Königsteiner zu finden ist.

Einmal ist Reichert aus der vorgezeichneten Berufsbahn ausgeschert. Mit Mitte zwanzig arbeitete der Metzgermeister für ein Jahr als Reiseführer bei Neckermann in Rumänien. Reichert kehrte nach der kleinen Flucht in den gelernten Beruf zurück. Den Blick über den Höchster Tellerrand zu richten blieb ihm ein Anliegen. Da fügte es sich gut, dass Haxen-Reichert mittlerweile zur GmbH umgewandelt worden war, was den Chef zum Doppelmitglied in der Handwerkskammer und in der Industrie- und Handelskammer machte. Vor allem die etwas mondänere Welt der IHK sagt Reichert zu. Seine Jahre bei den Wirtschaftsjunioren, die Vertreter der verschiedensten Berufe zusammenbringen, bezeichnet er als die Beste Zeit seines Lebens. Der Gitarrist und Schlagzeuger trat mit der Band der Junioren in Berlin vor prominentem Publikum auf. Es sei die schlechteste Gruppe gewesen, in der er je gespielt habe, sagt Reichert mit verschmitztem Stolz. Das Zwangssystem der Kammern verteidigt Reichert, der Mitglied der IHK-Vollversammlung ist. Es gebe keine bessere Form der Selbstverwaltung für die Wirtschaft, vor allem, was die Organisation des Ausbildungswesens und die Artikulation von Interessen gegenüber der Politik angehe. Reichert hat immer ausgebildet; auch Sonderschülern gibt er eine Chance, wenn sie manuelles Geschick zeigen und Freude am Beruf. Reichert, der hervorhebt, keiner politischen Partei anzugehören, ist äußerst gut vernetzt in der Frankfurter Kommunalpolitik. Er misst die Politiker an ihren Taten; den Grünen etwa spricht er in der Stadtteilpolitik besonders viel Sachverstand zu. Er ist Vorsitzender der Interessengemeinschaft Handel und Handwerk in Höchst und gehört dem Beirat Pro Höchst an. Allerdings hat er nicht nur Freunde im Stadtteil. Gegner sieht er vor allem in der Bürgervereinigung Höchster Altstadt, die den Stadtteil seiner Meinung nach „ins Mittelalter zurückbomben" will. Ihre Siegchancen gegen Reicherts Bataillone stehen nicht gut.

Von Matthias Alexander

Reinhard Kaiser

Drei Rollen vereinigt Reinhard Kaiser in seiner Person, die zwar um die gleiche Sache kreisen, aber dennoch ganz unterschiedliche Anforderungen stellen: Er ist Übersetzer, Lektor und Schriftsteller. Geboren wurde Kaiser vor 58 Jahren in Viersen am Niederrhein, einem zwischen Mönchengladbach und Krefeld gelegenen Städtchen nahe der holländischen Grenze. Die Mutter war Fotografin und Ladeninhaberin, der Vater Maler und Grafiker. Die liberale Atmosphäre des Elternhauses hat sicher, zum Beispiel in Fragen der katholischen Religion, auf ihn eingewirkt. In seinem jüngsten Buch „Kindskopf" mit Geschichten aus der Kinderzeit gibt er darüber Auskunft.

Nach dem Abitur hat er Latein, Englisch und Französisch in Köln, Aachen und Berlin studiert; zwei Auslandssemester verbrachte er in Paris. Nicht die berühmten Professoren haben dabei auf ihn nachhaltigen Eindruck gemacht, sondern die den Studierenden zugewandten. Dass er 1974 nach Frankfurt wechselte, hatte verschiedene Gründe: Es war eine Universitäts- und Verlagsstadt, hier wohnte ein Freund, und auch seine spätere Frau kam von hier; außerdem verkürzte sich der Weg nach Italien. Der Suhrkamp Verlag bot die Möglichkeit, psychoanalytische Werke aus dem Französischen zu übersetzen. Die Zeitschrift „Psyche" schloss sich mit Aufträgen aus dem Englischen an.

Im Gespräch betont Kaiser, dass die wichtigste Qualität eines Übersetzers die Beherrschung der Muttersprache sei; ansonsten gelte das italienische Wortspiel vom Verräter, der im Übersetzer stecke: „traduttore – traditore“. „Mir scheint“, so bekennt Reinhard Kaiser, „übersetzen kann man nicht können, man kann nur, angesichts zahlreicher Varianten möglichen Scheiterns, immer von Neuem probieren, bis, zu welchem Punkt es gelingt. Ganz gelingt es nie.“

Die nächste Entfaltungsstufe des sprachlichen Talents ist eng mit dem Syndikat Verlag verbunden, der Ende 1975 von ehemaligen Mitarbeitern des Suhrkamp Verlages ins Leben gerufen wurde. Kaiser fungierte als Lektor. Die Arbeit im Haus an der Savignystraße bescherte ihm die Bekanntschaft mit Franz Greno und Hans Magnus Enzensberger. Ein wichtiges Projekt dieser Zeit um 1980 war die Herausgabe von „Global 2000“, einem Bericht für den amerikanischen Präsidenten, der in den Vereinigten Staaten kaum Beachtung und in Deutschland überwältigenden Widerhall fand: Greno hatte ihm eine Beteiligung an diesem Werk zugesichert, dessen Auflagenhöhe auf über 500 000 hochschnellte. Man darf vermuten, dass die Einkünfte halfen, den Kauf eines unauffälligen Häuschens mit schönem Garten zwischen Bornheim und Seckbach zu finanzieren.

Kaisers Tätigkeit als Autor begann 1989 mit dem „Zaun am Ende der Welt“, der philologischen Untersuchung einer poetischen Metapher. 1991 folgte der „Kalte Sommer des Doktor Polidori“: Von seiner Trilogie über Schicksale in den Zeiten des Faschismus und des Krieges hat „Königskinder“ größere Aufmerksamkeit errungen. Kaiser bereitet derzeit eine Ausstellung mit Frankfurter Fotografien vor, und er arbeitet an einer Übersetzung des barocken Schelmenromans „Der abenteuerliche Simplicissimus Teutsch“. Beide Projekte werden Kaisers einzigartige Begabung zwischen solidem Handwerk und schweifender Phantasie bestätigen.

Von Adolf Fink

Werner Müller-Esterl

Aufgeräumt" ist ein Wort, das gleich in mehrfacher Hinsicht zu Werner Müller-Esterl passt. Gelassenheit und entspannte Gesichtszüge scheinen geradezu ein Markenzeichen des Vizepräsidenten der Goethe-Univesität zu sein – egal, wie dicht die Termine getaktet sind. Und die Akkuratesse seines in schwarz und weiß gehaltenen Büros in der Präsidialabteilung ist kaum zu überbieten. Doch nicht dieser Feng-Shui-artigen Aufgeräumtheit wegen schauen Kollegen und Mitarbeiter gerne herein: An den Wänden hängt viel zeitgenössische Kunst in leuchtenden Farben, die Ein-Raum-Galerie mit Leihgaben seines Galeristen hat Müller-Esterl zusammen mit seiner Frau, die Chemie-Ingenieurin ist, gestaltet. Die beiden teilen die Liebe zur Kultur, sammeln Glaskunst und besuchen, seit sie in Sachsenhausen leben, nicht nur gern die Oper und Tanztheater-Aufführungen, sondern sind auch häufig im Städel zu sehen.

Es ist also gewissermaßen eine Tradition, die der Biochemiker und Mediziner von Sachsenhausen nach Bockenheim mitnahm: Auch sein Labor in der Uniklinik hat er, als er im Jahr 2000 von der Universität Mainz nach Frankfurt kam, um das Institut für Biochemie II zu übernehmen, von einem jungen Künstler gestalten lassen. Ein ungewöhnlicher Schritt, aber „ästhetische Anregung" sei gerade bei der Labortätigkeit eine gute Ergänzung, findet der gebürtige Bonner, der vor wenigen Wochen seinen sechzigsten Geburtstag gefeiert hat. Dass das auch seinen Mitarbeitern gefällt, ist Müller-Esterl, der stets den

Teamgeist beschwört und seine fünf Forschergruppen während seiner Tätigkeiten als Vizepräsident in den guten Händen „toller Leute“ weiß, offenbar sehr wichtig. Er hat an seinem Institut, das sich mit der Molekularbiologie im Herz-Kreislauf-System befasst, eine flache Hierarchie eingerichtet, in der er „höchstens fünf Prozent“ der Entscheidungen alleine trifft.

Der einzige Wermutstropfen ist, dass er sich weniger der Forschung und Lehre widmen kann. Drei Seelen schlügen in seiner Brust, bekennt Müller-Esterl: dass Exzellenzcluster „Makromolekulare Komplexe“, das rund 53 Millionen Euro Forschungsförderung erhält, und dessen Co-Sprecher er ist; sein Institut und die Aufgaben als Vizepräsident, die er seit 2006 wahrnimmt. Dabei ist er, abgesehen von den Lebenswissenschaften, vor allem für Nachwuchsförderung und Exzellenz zuständig. Gedrängt habe es ihn nicht in das Amt, hat er damals gesagt – nun aber gilt Müller-Esterl, der zahlreiche präsidiale Termine wahrnimmt, als der aussichtsreichste Kandidat für die Präsidentschaftswahl am 29. Oktober, wenn der Nachfolger Rudolf Steinbergs bestimmt wird.

Neuen Herausforderungen auszuweichen scheint Müller-Esterls Sache noch nie gewesen zu sein. Schon als Jugendlicher wissenschaftlich interessiert und gleichermaßen von der Chemie und der Medizin angezogen, studierte er nach dem Studium und der Promotion in Chemie in Bonn und München noch Medizin. Der Mensch habe ihm anfangs gefehlt, sagt er, nachgeholt hat er das unter anderem auf einer Bergtour in Nepal, wo er abends Sprechstunden für die Einheimischen hielt, woran er sich heute noch begeistert erinnert. Dass er „vom Menschen zum Molekül“ denkt, wie er sagt, prägt auch seine Lehre, bis hin zu seinem Handbuch „Biochemie“, das als Standardwerk gilt. Die beiden Kinder haben die Interessen der Eltern „quasi überkreuz“ geteilt, wie Müller-Esterl höchst aufgeräumt sagt: Der Sohn ist Maschinenbau-Ingenieur, die Tochter studiert Medizin.

Von Eva-Maria Magel

Angelika Bierbaum

Unspektakulär, bescheiden und sachlich tritt sie auf, die Leiterin der Radiokulturwelle hr2, doch sie lässt nie eine Frage unbeantwortet, ist immer glänzend vorbereitet und kann zu fast allen kulturellen Themen etwas Kluges sagen: Angelika Bierbaum leistet gute Arbeit, ohne viel Aufhebens davon zu machen. Ihr und ihren Mitstreitern ist es zu verdanken, dass man im Radioprogramm des Hessischen Rundfunks, das unter Quotendruck vor allem Unterhaltendes produziert, Qualitätssendungen auf dauerhaft hohem Niveau hören kann.

1954 geboren und aufgewachsen im Sauerland, in Fredeburg zwischen Winterberg und Meschede, erfuhr sie jene Art von Kindheit in der Provinz, die nicht der schlechteste Humus für spätere Karrieren ist: Es bildet ein Talent sich in der Stille. Mit fünf begann sie Klavier zu spielen, später folgte die Orgel, die weitere musikalische Sozialisation erfuhr sie im Unterricht und durch den Musik liebenden Vater, der sie zu Konzerten und Opernbesuchen nach Düsseldorf oder Köln mitnahm.

Als es ans Studium ging, blieb Angelika Bierbaum auf dieser Spur: Ohne den geringsten Gedanken an die spätere Verwertbarkeit solchen Wissens begann sie mit dem Studium der Musikwissenschaft in Freiburg. Schon währenddessen bekam sie Freude an der Vermittlung musikalischer Zusammenhänge – nicht in pädagogischer Absicht, aber mit der Freude dessen, der einem interessierten Publikum Dinge vermittelt, die sonst nur Experten verstehen. Ehe es so weit war, führte der Zufall sie nach Kassel, wo sie für ein musikwissenschaftliches Quellenlexikon arbeitete und im damaligen Zonenrandgebiet einen kleinen Kulturschock überstand. 1982 wechselte sie zum Saarländischen Rundfunk, zunächst als Dokumentarin. Doch als nach einem Dreivierteljahr beim damaligen Südwestfunk in Baden-Baden eine Redakteursstelle frei wird, beginnt ihre vielleicht schönste berufliche Phase: Angelika Bierbaum erklärt in der ersten Person, live und im Alltagston den Menschen die Musik, fertigt ein Komponistenlexikon in 52 Teilen, findet bei den Hörern große Resonanz. Und dann beginnt auch in ihrem Leben bald das Gesetz des journalistischen Aufstiegs: Weil sie tüchtig ist, wird sie leitende Redakteurin, um das nicht mehr selbst machen zu können, weshalb sie befördert wurde – guten Journalismus. Dennoch bekommt sie immer mehr Freude an übergreifender Leitungsarbeit. Weshalb sie dann 1996 auch das Angebot von Programmdirektor Heinz Sommer annimmt, als Chefin zur Kulturwelle hr2 zu wechseln. Gemeinsam mit ihren Kollegen sorgt Bierbaum dafür, dass das weitgehend infantilisierte Medium Radio auf hr2 zu seinen Anfängen zurückkehrt und ein Programm von einer Güte liefert, dass man jedem Bildungswilligen und Wissensbegierigen nur ans Herz legen kann. Ihre Aufgabe als Wellenchefin sieht sie darin, alle Spezialisten und Individualisten dazu zu bringen, sich komplett dem Interesse der Hörer zu verpflichten.

Allmählich fällt es ihr auch nicht mehr so schwer, nicht mehr vor dem Mikro zu sitzen, obwohl sie es immerhin geschafft hat, kürzlich fünf Folgen über den Troja-Stoff in der Musikgeschichte selbst zu produzieren und zu sprechen. Die Mutter zweier Söhne mit eingestandener „Tendenz zum Workaholic“ ist aber nicht nur der Hochkultur verpflichtet. Sie hält als Fan der Eintracht die Treue und hat mit 50 angefangen, Tenorsaxophon zu spielen, ausnahmsweise ganz ohne Hang zum Perfektionismus.

Von Peter Lückemeier

Bernd Fülle

Es war eine samtene Revolution. Manche fürchteten aber, unsanft auf dem Boden der neuen Realität zu landen: Die größte Hürde bei der Umwandlung der städtischen Bühnen von einem Anhängsel der Stadtverwaltung in eine GmbH war es daher, die Mitarbeiter nicht nur von der Notwendigkeit des Rechtsform-Wechsels zu überzeugen, sondern auch davon, dass der Übergang letztlich für alle von Vorteil ist. Doch der Widerstand der Personalvertretung war zäh. Die Verhandlungen zogen sich hin. Keine leichte Aufgabe für Bernd Fülle, der vom damaligen Frankfurter Kulturdezernenten Hans-Bernhard Nordhoff an den Main geholt worden war, um die Neuorganisation der großen Theater zu bewerkstelligen. Er ist, wie es seine Art ist, mit großer Ruhe und entwaffnender Sachlichkeit an die Arbeit gegangen. Immer legte er allen Beteiligten ausführlich und geduldig auseinander, was sich verändern würde. Nach wie vor ist er der Auffassung, eine GmbH sei die beste Form für die öffentlich subventionierte darstellende Kunst. Weshalb er alles daransetzte, auch die Skeptiker für dieses Modell zu gewinnen. Und wenn ihm doch einmal alles zu viel wurde, legte er sein Lieblingsduett aus Mozarts „La clemenza di Tito“ auf und drückte auf die „Repeat“-Taste: Bei „Ah, perdona al primo affetto“ erholt er sich noch immer von allen Zumutungen des Alltags.

Seit Februar 2002 ist der 1949 in Weimar geborene Volkswirt als geschäftsführender Intendant Herr über Zahlen, Finanzen, Verträge an den städtischen

Bühnen. Seit September 2004 leitet er als Geschäftsführer die Städtische Bühnen Frankfurt am Main GmbH. Fülle ist der Manager einer Epochenwende: In den siebziger oder achtziger Jahren des vorigen Jahrhunderts wäre eine privatwirtschaftliche Organisationsform für diese Institution nicht denkbar gewesen. Nicht zuletzt die immer größer gewordenen Finanzierungsschwierigkeiten haben zu einem Umdenken geführt. So ist der Geschäftsführer auch stolz darauf, dass sich, seit er Verantwortung trägt, an den Bühnen kein Defizit mehr aufgetan hat, wie es in früheren Jahren regelmäßig der Fall war. Oper und Schauspiel, sagt er, arbeiteten effizient und kämen mit weniger Mitteln aus als beispielsweise die vergleichbaren Häuser in München oder Berlin.

Mit Revolutionen kennt Fülle sich aus. Er kommt aus einer streng kommunistischen Familie. Und 1975 ist er aus einem Staat geflohen, der sich die Umwertung aller Werte auf die Fahnen geschrieben hatte. Abenteuerlich und abendfüllend ist die Geschichte seiner Flucht über die Berliner Mauer. Damals war er Grenzsoldat, 25 Jahre alt und hatte schon entscheidende Karriereschritte in der DDR gemacht: Als Hauptreferent beim Minister für Kultur war er zuständig für die Haushaltspläne der Staatsoper Unter den Linden, der komischen Oper, des Deutschen Theaters und des Berliner Ensembles. Mit ein Grund für die Republikflucht des Soldaten in voller Montur war der Hinweis vonseiten des Staates, nun doch in die SED einzutreten, wenn es nach dem Wehrdienst beruflich weitergehen sollte. Stattdessen fasste er im Westen rasch Fuß. Er war an Theatern in Berlin, Bonn und Köln tätig. In der Domstadt am Rhein wurde er 1995 stellvertretender Generalintendant. Bonn, dachte er einst, sei ein hübsches Refugium für den Ruhestand. Mittlerweile sieht er das anders. An Frankfurt irritiert ihn nur eines: dass der Ruf der Stadt und ihre Wirklichkeit so wenig miteinander zu tun haben. Er lebt gern hier. Und will auch bleiben.

Von Michael Hierholzer

Jürgen Engel

Ein schmales, schwarzes Notizbuch liegt auf dem Schreibtisch, die Seiten zwischen dem ledernen Einband von einem Gummiband gehalten. In solchen Büchern sammelt Jürgen Engel seine Skizzen, wenn er unterwegs ist. Ideen zu neuen Gebäuden. „Ich zeichne viel", beantwortet der Architekt, der mit seinen Bauten nicht nur halb Frankfurt ein neues Gesicht gegeben hat, die Frage nach seiner Methode.

Als Engel vor 22 Jahren nach Frankfurt kam, war er „ein No Name", wie er sagt. Das hat sich gründlich geändert. Heute gehört Engel zu den fünf bekanntesten Frankfurter Architekten und führt gemeinsam mit Michael Zimmermann das erfolgreiche Büro KSP Engel und Zimmermann mit 250 Mitarbeitern in Berlin, München, Köln, Braunschweig, Peking, Dubai und natürlich Frankfurt. Seine Lobeshymne auf die Stadt am Main klingt geradezu frenetisch. Er habe der Stadt viel zu verdanken: „In Frankfurt kann man es aus eigenem Antrieb schaffen." Hier zähle keine Familie, kein Stand, nur die objektive Leistung. Frankfurt ist für Engel das idealtypische Amerika in Miniaturformat, eine Stadt der unbegrenzten Möglichkeiten. Und: „Keine Stadt zum Ausruhen."

Dazu hätte Engel ohnehin wenig Gelegenheit. Bei einem Sportler würde man wohl von einer Erfolgssträhne sprechen. Sie scheint nicht abzureißen. Die Nationalbibliothek in Peking zählt weltweit zu den bekanntesten Gebäuden der letzten Jahre. Unlängst wurde sein Büroturm „Westend Duo" mit dem internationalen Hochhauspreis ausgezeichnet. In Frankfurt stammen, um nur einige zu nennen, die Türme im Palais Quartier, das Werfthaus und die umgebaute Stadtbibliothek aus seinem schwarzen Notizbuch. Im Sommer kam der Auftrag für die große Moschee von Algier. Skizzen hängen in seinem Büro, mit 60 Meter hohen Säulen und einem 270 Meter in den Himmel wachsenden Minarett.

Engel ist durch seinen Vater, einen Ingenieur, zur Architektur gekommen. Das kreative Klima im Elternhaus hat ihn beeinflusst. In Düsseldorf aufgewachsen, merkt man ihm die rheinländische Herkunft kaum an. Jedenfalls geht ihm das Polternde und mitunter Joviale der Rheinländer ab, nicht jedoch die Herzlichkeit. Sein Studium absolvierte er in Braunschweig, Zürich und Aachen. An das Diplom schloss sich ein zweiter Abschluss am Massachusetts Institute of Technology an. Sein Berufsweg führte nach dem Architekturstudium streng geradeaus. In Köln fand er 1982 in Erich Schneider-Wessling einen großen Förderer. Vier Jahre leitete er von 1986 an das Frankfurter Büro von Oswald Mathias Ungers, bevor er als geschäftsführender Gesellschafter bei dem traditionsreichen Büro KSP einstieg und dort an seinem guten Namen arbeitete.

Engel begreift sich nicht als Künstler. „Architekten sind künstlerisch geprägt, aber wir sollten uns nicht Künstler schimpfen lassen." Immerhin ende die Aufgabe nicht mit dem Entwurf. Engel legt Wert darauf, am Bau Einfluss zu behalten und mit dem Bauherrn ein Team zu bilden. Darum sieht er auch gerne nach dem Rechten: „Ich liebe Baustellen." In seinen Projekten eine unverwechselbare Handschrift zu finden fällt schwer. Das liegt auch darin begründet, dass sich sein Büro bewusst nicht spezialisiert und von Schulen über Wohn- und Krankenhäuser bis zu Hochhäusern fast alles entwirft. Die Schönheit liegt oft in der klaren Form. „Die einfachen Ideen", sagt er, „sind meist die besten." Seine 54 Jahre sieht man Engel nicht an. „Ich glaube, die richtig interessanten Sachen kommen erst noch." Aus seinem Mund wirkt dieser Satz nicht überheblich.

Von Rainer Schulze

Oliver Sebel

Falls Sie Lust haben, sich die nebenstehende Zeichnung einmal etwas genauer anzuschauen – was meinen Sie, aus wie vielen einzelnen winzigen Strichen sie bestehen mag? Es dürften rund 8 000 sein. Und wie viele Stunden braucht Oliver Sebel, ehe er mit seiner Zeichnung zufrieden ist? Zweieinhalb für ein solches Porträt; elf bis dreizehn Stunden gibt er sich, bis eine große Zeichnung für die samstägliche Schlussseite des F.A.Z.-Wirtschaftsteils (mit rund 36 000 Strichen) seinen Ansprüchen genügt. Sebel nimmt es genau: Wo andere Zeichner einen Schatten großzügig mit Kohle und Daumen markieren, hat er Geduld fürs Stricheln. Er findet: „Das hat was Beruhigendes, Berechenbares." Er guckt dabei Fernsehen.

Geboren ist Olli Sebel am 14. März 1959 in Frankfurt, aufgewachsen in Obertshausen. Seine zeichnerische Begabung zeigte sich schon in Kinderjahren und hat ihn „in der Schule oft rausgerissen". Das Abitur, erzählt er augenzwinkernd, habe er nur unter dem Vorbehalt ablegen dürfen, nicht Mathe, Deutsch, Bio oder Physik zu studieren. Was er auch nicht tat. Zunächst rückte er, obwohl er auf einem Auge nur wenig sieht, fünfzehn Monate bei der Bundeswehr ein. Dort reichte es zum Führen der Urlaubskartei – was zu einem sprunghaften Anstieg der freien Tage seiner Kameraden führte, denn die Unterschrift des Hauptfeldwebels beherrschte der Zeichner bald besser als der Berufssoldat selbst.

Sebel studierte dann visuelle Kommunikation an der Offenbacher Hochschule für Gestaltung, wo er schnell eine Vorliebe für die Karikatur entwickelte. Noch als Student, als er beim deutschen Fachverlag im Layout aushalf, wurde er gefragt, ob er nicht auch zeichnen könne. Konnte er. Aber erst folgte nach dem Diplom noch ein unerfreuliches halbes Jahr bei einer Werbeagentur, wo Sebel sich für eine Hundefuttermarke verkaufsfördernde Maßnahmen ausdenken sollte. Er kündigte.

Seit 1987 also lebt er vom Zeichnen. Zunächst war da seine Kolumne in der angesehenen „Lebensmittel Zeitung" – seit 21 Jahren einmal pro Woche nimmt er dort Themen aus Industrie und Handel aufs Korn; die Idee für eine Zeichnung im Gespräch mit der Chefredakteurin oder den Redakteuren dauert zwischen dreißig Sekunden und fünfzehn Minuten. Und wie Johannes Mario Simmel sich mit mechanischen Schreibmaschinen vom Typ TA Gabriele eindeckte, die bis an sein Lebensende reichen sollten, so hat Olli Sebel einen gewaltigen Vorrat an Tuschestiften der Marke Staedtler Marsmatic gehortet. Pro Jahr zeichnet er zwei von ihnen zugrunde. Für die F.A.Z. hat ihn der damalige Wirtschaftsherausgeber Jürgen Jeske entdeckt, bis heute zeichnet Olli für den Wirtschaftsteil. Später kam die zunächst im Rhein-Main-Gebiet erscheinende Frankfurter Allgemeine Sonntagszeitung mit einer wöchentlichen Karikatur hinzu. Und als der langjährige Zeichner der „Frankfurter Gesichter" Erich Dittmann im November 1999 starb, war Oliver Sebel als sein Nachfolger sozusagen die natürliche Wahl.

Der unprätentiöse Junggeselle mit der hohen Stimme, der schnellen Lache und dem Gang eines angeschickerten Seemanns ist kein gefälliger Kunst-Handwerker, sondern ein auf freundliche Weise Besessener, einer, der sich bis an die Kapazitätsgrenze mit Arbeit belastet, der seinen letzten Urlaub (vier Tage London) im Jahr 2001 nahm und der ganz gelassen sagt: „Zeichnen ist mein Leben. Wenn ich nicht mehr zeichnen kann, kann ich nicht mehr leben."

Von Peter Lückemeier

Manfred Niekisch

Das Erste, was in seinem Büro auffällt, sind die Frösche auf der Fensterbank. Einer groß, der andere klein. Wer weiß, dass das Lieblingstier von Manfred Niekisch die Gelbbauchunke ist, den wundert diese Art der Zimmerdekoration wenig. Und irgendwie passen sie in dieses Zimmer, das mit Abstand das wohl schönste Büro eines Frankfurter Amtsleiters ist. Große Fenster mit Blick auf den Springbrunnen, der den Eingang des Tiergartens ziert. Besucher empfängt Niekisch in einer Sofaecke. Wenn es etwas offizieller wird, lädt er zum Plausch am großen, massiven Holztisch ein, an dem schon Bernhard Grzimek saß. Niekisch sagt, er sei endlich angekommen. Nach Stationen beim WWF und der Tropenwaldstiftung Oro Verde sei er nun glücklich, Zoodirektor zu sein.

Dass das schon ein heimlicher Kindheitswunsch des 57 Jahre alten Biologen war, belegt ein kleiner Wunschzettel, den seine Schwester jüngst auf dem Dachboden gefunden hat. Denn die Faszination an der Tierwelt hat den gebürtigen Nürnberger früh „gepackt", wie er sagt. Regelmäßig habe er die Nachmittage an einem Tümpel in seiner Heimatstadt verbracht und dort Frösche gefangen, manchmal auch Kreuzspinnen, die er dann auf dem Heimweg in der Straßenbahn zum Entsetzen der anderen Fahrgäste aus der Schachtel herausgeholt hat. „Meine Eltern waren immer sehr geduldig", sagt Niekisch. Das mussten sie auch sein. Denn als Jugendlicher richtete er sich ein Terrarium mit Molchen ein. „Und die", sagt der Biologe, „büxten oft aus und verschwanden hinter dem Wohnzimmerschrank."

Von Nürnberg zog die Familie Ende der sechziger Jahre nach Mönchengladbach; sein Vater, der Arzt war, nahm dort eine Stelle an. Unglücklich über das neue Heim war Manfred Niekisch, das älteste von vier Kindern, nicht. In einem ehemaligen Kuhstall, der zu dem Anwesen gehörte, hatte er für sein Hobby endlich genug Platz: Er baute den Stall zur Reptilienhalle um, mit gemauerten Terrarien und Heißwasserheizung. „Das war richtig professionell."

Die Faszination durch Tiere ließ auch nach der Schulzeit nicht nach. Hin und her gerissen zwischen einem Studium der Veterinärmedizin und der Biologie, entschied sich Niekisch für Letzteres und arbeitete nebenbei im Kölner Zoo. Eine Zeit lang spielte er sogar mit dem Gedanken, Tierpfleger zu werden. Nur sein Chef hielt ihn davon ab, da er der Ansicht war, dass man studieren soll, wenn man schon die Möglichkeit dazu hat. Niekisch nutzte das Studium vielseitig: Außer Biologie-Vorlesungen hat er auch Pädagogik-Seminare besucht. Heute ist Niekisch froh, dass er auf seinen Chef gehört hat. Denn immerhin konnte der zweifache Vater, der fließend Spanisch und Italienisch spricht, durch seine zahlreichen Funktionen in diversen Naturschutzorganisationen die Welt bereisen. Wanderungen in den Anden, Expeditionen durch Afrika oder Asien gehörten zu seinem Leben. Im Hochland Neuguineas war er nur mit Pferd und Wagen unterwegs. „Verrückte Gebiete" haben den Biologen gereizt. „Von diesen Erinnerungen zehre ich."

Die Reiselust ist geblieben – auch wenn er als Zoodirektor nicht mehr allzu viel Zeit dazu hat. Die Neugestaltung des Zoos zum Natur- und Artenschutzzentrum nehme viel Zeit in Anspruch, sagt er. Zudem gehe er immer noch an der Universität Greifswald seinen Lehrverpflichtungen nach. Wenn er ausspannen will, gönnt er sich eine Kurzreise nach Buenos Aires. Dort besucht er Tango-Veranstaltungen und stöbert in Antiquariaten. Wahre Schätze entdecke man dort, sagt Niekisch – und am Ende kommt er mit einem Koffer voller Bücher über die Amphibienwelt zurück.

Von Katharina Iskandar

Alfred Schmidt

In Alfred Schmidts Galerie deutscher Geistesgrößen gibt es Ikonen ersten und zweiten Ranges. Ein kleines Porträt Adornos hängt gerahmt an der Wand seines Büros, ebenso der Schwarzweißkopf Schopenhauers, in Warhol-Manier vierfach gedruckt. Dem Foto Richard Wagners wurde dagegen nicht die Ehre einer Einfassung zuteil: Es steht im Regal, an Bücherrücken gestützt. Schmidt mag Wagners Opern, aber er erwähnt auch gleich dessen Schrift „Das Judentum in der Musik", jenes unselige Pamphlet, „das wir alle bedauern".

Wenn der emeritierte Philosophieprofessor über Theodor W. Adorno spricht, muss er solche Einschränkungen nicht machen. Mit tiefem Respekt erinnert er sich an seinen Lehrer, dem er bis zu dessen Tod 1969 assistierte. Eine angespannte, manchmal geradezu beklemmende Atmosphäre habe in Adornos Seminaren geherrscht – der Vordenker der Frankfurter Schule konnte schneidend werden, wenn Studenten seinen hohen Anforderungen nicht genügten. Max Horkheimer, dessen Lehrstuhl Schmidt 1972 als Nachfolger von Jürgen Habermas übernahm, sei mit seinem süddeutschen Naturell etwas „menschlicher" gewesen: „Wenn Adorno sich aufregte, legte ihm Horkheimer manchmal die Hand auf die Schulter und sagte begütigend: ‚Aber Teddy . . . '"

Anekdoten wie diese erzählt Schmidt mit einem Charme, der verständlich macht, warum seine Vorlesungen noch immer ein treues Publikum haben. Seit 1952 ist er an der Goethe-Universität „beheimatet", wie er sagt. Vor zehn Jahren wurde der 1931 geborene Gelehrte in den Ruhestand verabschiedet, aber allzu wörtlich ist das nicht zu nehmen: Er doziert weiter, nimmt Prüfungen ab, korrigiert Hausarbeiten, betreut noch einen Doktoranden. Regelmäßig hält er Vorträge, über Heine, Spinoza und natürlich Schopenhauer, und er widmet sich dem Forschungsgegenstand, der ihn sein ganzes Leben lang beschäftigt hat – der Geschichte des Materialismus, jenes „Schmuddelkindes", das traditionelle Philosophen einst verachtet hätten.

Marx, der „metaphysische Pessimismus" Schopenhauers und die kritische Theorie haben Schmidt geprägt. Zur Zeit der Studentenrevolte war er SDS-Mitglied, aber inzwischen denkt er über praktische Politik ähnlich wie sein Mentor, den der mitunter vulgäre Aktionismus der Hörsaal-Revolutionäre abstieß: „Adorno wusste, die Welt bedarf der Veränderung, aber er hielt es nicht für möglich, sie hier und heute zu verändern."

Der Bund, dem Schmidt heute angehört, macht nicht durch lautstarkes Auftreten von sich reden. In der Frankfurter Freimaurerloge „Zur Einigkeit" hat der Professor nach eigenen Worten eine Gemeinschaft gefunden, deren Mitglieder einander völlig vorurteilsfrei begegnen. Die Verbrüderung der Menschheit, jener „tiefste Gedanke der Freimaurerei", ist sein Ideal. Dass die Logenbräuche auch einige vormoderne Elemente enthalten, die einem Adepten der Frankfurter Schule eigentlich wesensfremd sein müssten, stürzt ihn nicht in ein philosophisches Dilemma. Ebenso wenig wie seine Sympathien für Verdi, den Republikaner, und Wagner, den Metaphysiker. Dass Schmidt auch einmal in Bayreuth war, ist nicht als Verrat am italienischen Antipoden zu werten: Er hat sich dort statt der „Götterdämmerung" lieber das Freimaurermuseum angeschaut.

Von Sascha Zoske

Martin Peltzer

Wenn Martin Peltzer in späteren Jahren Führungskräften guten anwaltlichen Rat erteilt hat, dann oft auch den, einen nicht ganz freiwilligen Jobwechsel als Chance zu sehen: „Manchmal ist das Schicksal klüger als man selbst." Als er solches erlebte, damals einer der jüngsten Finanzvorstände Deutschlands bei einer Zellstofffabrik, ist es ihm nicht leichtgefallen, das Schicksal zu akzeptieren. Seine Karriere hatte glänzend begonnen, schon mit 30 Jahren, als Berufsanfänger und nach einem Aufenthalt in Amerika, leitete er das Büro des legendären Hermann Josef Abs bei der Deutschen Bank, bis er in die Industrie wechselte.

Aus dem, was dann auf den ersten Blick nicht nur wie ein Karriereknick, sondern für kurze Zeit wie ein Aus aussah, hat Peltzer eine Erfolgsgeschichte gemacht – und wurde Anwalt. Unter den Wirtschaftsjuristen gilt der geborene Krefelder als einer der ganz Großen der Zunft, seit er begonnen hat, das damals noch wenig beackerte Feld des Wirtschaftsrechts zu bestellen. Er war Mitglied zahlreicher Aufsichtsräte und hat sich in vielen Büchern und Artikeln zu wirtschaftsjuristischen, aber auch zu gesellschaftlichen und ordnungspolitischen Fragen geäußert.

Heute ist die 1971 von ihm gegründete Societät Peltzer & Riesenkampf Teil der Großkanzlei CMS Hasche Sigle. Peltzer, der auch mit 78 Jahren das Arbeiten weder lassen kann noch mag, ist als Partner ausgeschieden und seit dem vergangenen Jahr im Frankfurter Westend als Einzelanwalt tätig. In seiner Kanzlei arbeitet und schreibt er, unter den Fotografien seiner neun Enkel, von denen das stolze Familienoberhaupt ebenso gern erzählt wie von den drei Töchtern, in deren Berufen er eigene Interessen wiederfindet: Medizin, das hätte er sich vorstellen können, Jurist ist er geworden, und mit Geschichte befasst er sich leidenschaftlich gern.

Die Freiheit des Anwaltsberufs scheint Peltzer heute eine der großen Vergünstigungen seines Lebens zu sein. Sie hätte er nirgendwo sonst erreichen können, sagt er. Doch hatte der Sohn eines Textilfabrikanten von Jugend auf nichts anderes als Banker werden wollen. Nach dem Abitur hat er eine Banklehre absolviert, um danach zu studieren. Dass neben den Wirtschaftswissenschaften und Sprachen auch Jura zu seinen Studienfächern zählte, er die juristischen Staatsexamen ablegte und in Jura promoviert wurde, war dem Wunsch nach einer Wirtschaftskarriere geschuldet. Anwälte, das waren für den jungen Peltzer über staubige Akten gebeugte Existenzen. Natürlich ist er das ganze Gegenteil geworden. Wer in Frankfurt Konzerte oder Ausstellungen besucht, trifft dort einen hochgewachsenen, sportlich-schlanken Herrn, der sich für zahlreiche kulturelle und karitative Zwecke engagiert. Unleugbar prägende Kinderjahre hat er in Großbritannien verbracht, britisches Flair verbreitet er in seiner Haltung und in der feinen Ironie, die er ebenso gern in seine Rede flicht wie idiomatische Wendungen in englischer Sprache. Aber auch ins Französische oder Spanische wechselt er behände in der Konversation, Stationen in Studium und Ausbildung führten ihn nach Paris, Madrid und Mexiko. In Lateinamerika hätte er gern länger gelebt, in Frankfurt hat er Wurzeln geschlagen – und in Frankreich: Zu Ferienzeiten trifft sich dort die große Familie. Und Peltzer, ein passionierter, bekennend „erratischer" Leser, hat Zeit, sich noch intensiver seinem größten Hobby zu widmen.

Von Eva-Maria Magel

Rainer Weiss

Wer mit den Problemen von Älteren auf dem aktuellen Arbeitsmarkt vertraut ist, wird die folgende Nachricht mit Freude hören: Rainer Weiss war knapp 59 Jahre alt, als er sich nach über zwanzigjähriger Tätigkeit für Suhrkamp entschloss, die Selbstständigkeit zu wagen. Vorausgegangen war eine heftige Auseinandersetzung mit der Verlegerin Ulla Unseld-Berkéwicz, von der die Öffentlichkeit zwar nur wenig Konkretes erfuhr, aber deshalb umso wilder spekulieren konnte. Rainer Weiss gründete, gemeinsam mit Anya Schutzbach, die als Werbe- und Marketingleiterin etwa zur selben Zeit wie er das Haus an der Lindenstraße verlassen hatte, 2008 den Verlag „weissbooks". Er sucht seitdem nach bislang zwei Programmen mit insgesamt zehn Büchern und in gespannter Erwartung der vier Titel in diesem Frühjahr, dieses ehrgeizige Projekt zum Erfolg zu führen. Seine Bücher fallen, was nicht wenig ist, im allgemeinen Sortiment auf: Ihre strahlend weißen Umschläge verzichteten zunächst auf Bilder und Farben, bestechen durch eine strenge, beinah klassische Typographie.

Rainer Weiss wurde 1949 in Karlsruhe als Sohn eines Augenarztes geboren. Er studierte Philosophie, Germanistik und Geschichte in München und Heidelberg und schloss 1977 mit einer Promotion zum Dr. phil. ab. Ernesto Grassi, der elegante Philosoph aus Italien, machte bereits dem Studienanfänger das Angebot einer Dissertation, der daraufhin erst einmal den akademischen Faden verlor: In einer zweijährigen Auszeit erlernte er das Schreinerhandwerk, um dann zur Alma mater zurückzukehren und mit einer Arbeit aus der Epoche des Humanismus sein Studium abzuschließen. Ein einjähriger Aufenthalt in Neapel und Ischia, der Spuren hinterließ, folgte.

Obwohl (noch) ohne die entsprechenden Qualifikationen, gelang ihm 1978 als Werbeleiter der Einstieg in den Piper Verlag, bei dem er sechs Jahre lang blieb. In seiner Funktion als Lektor betreute er hier so renommierte (und manchmal auch schwierige) Autoren wie Michael Köhlmeier und Jürg Amann, Anna Wimschneider und Hilde Domin. 1985 wechselte er, auf Initiative Siegfried Unselds, von der Isar an den Main: nach dem geistigen Lehrer-, jetzt ein dynamischer Unternehmer-Vater. Rainer Weiss bewährte sich in höchst unterschiedlichen Rollen: zuerst als einfacher Lektor, dann als Leiter des Theaterverlages, des jüdischen Verlages, der Abteilung Presse- und Öffentlichkeitsarbeit, später als Programmgeschäftsführer des Suhrkamp, Insel, Klassiker Verlags. Er betreute über sechzig Autoren, dezidiert Eigenwillige wie auch dankbar Anpassungsfähige, deutschsprachige wie ausländische: Hans Magnus Enzensberger und Martin Walser, Amos Oz, Louis Begley oder Cees Nooteboom. Er gab Publikationen zu und Anthologien von Peter Bichsel, Jörg Steiner und Martin Mosebach heraus, zu denen er erhellende Vor- und Nachworte verfasste.

Was verbindet Weiss mit Frankfurt? Er wohnt mit seiner Familie im Westend, er übt den Vorsitz im Vorstand des hiesigen Literaturhauses aus, und man kann ihn jeden Morgen zwischen 8 und 9 Uhr mit einer Gruppe von Hundebesitzern durch den Grüneburgpark spazieren sehen. Am eindrucksvollsten aber ist seine Verlagsadresse gegenüber dem Hauptbahnhof: Er und seine Mitarbeiter blicken aus dem dritten Stock auf diese vitale Szenerie wie auf ein Max-Beckmann-Bild. Früher war hier einmal das Hôtel de l'Angleterre untergebracht, in dem Joseph Roth in den zwanziger Jahren abgestiegen ist, wenn er die Redaktion der „Frankfurter Zeitung“ besuchte. Bestimmt ein gutes Omen.

Von Adolf Fink

Tobias Rehberger

Ein junger Mann bewirbt sich bei den Kunstakademien in Düsseldorf und Berlin, verliebt sich beim Skifahren, folgt der neuen Freundin nach Frankfurt, ruft dort beim Bürgertelefon an: „Kann ich hier eigentlich auch Kunst studieren?" Auf so ungewöhnliche Weise kam Tobias Rehberger an die Städelschule, wo er von 1987 bis 1992 bei Thomas Bayrle und Martin Kippenberger studierte – und zehn Jahre später Professor für Bildhauerei wurde. Und nicht nur das: Er gehört seit Jahren zu den erfolgreichsten deutschen Künstlern. Seine steile Karriere begann schon im Studium, als er mit winzigen Repliken moderner Außenskulpturen dieser Stadt, von Max Bill bis Chillida, Furore machte oder mit laubgesägten Frankfurter Bankhochhäusern: erfrischende Beispiele dafür, dass Kunst und Humor sich nicht ausschließen müssen.

Für seine erste Galerieausstellung, bei Bärbel Grässlin 1994, „Rehbergerst" genannt, malte er – eine sympathische Hommage – die Werke seines Vaters nach, der als Hobbykünstler die Bilder von Picasso oder Cézanne zu kopieren pflegt. So war seine Berufswahl wohl mitbestimmt vom Kunstinteresse im Elternhaus bei Esslingen, wo er 1966 zur Welt kam. Zu seiner unüberhörbaren württembergischen Herkunft steht der Künstler, der gerne und viel lacht. Doch das ohnehin bezweifelbare Klischee, dass die „Schwaben viel zu gescheit für ihren engen Horizont" seien, stimmt für seinen Horizont überhaupt nicht: Große Museen und Galerien in fast aller Welt widmen ihm Ausstellungen, auch sind seine Werke in namhaften internationalen Privatsammlungen zu finden.

Natürlich ist er auf der diesjährigen Biennale in Venedig vertreten. Aber in seinem wohlgeordneten Projektschrank findet sich auch der Auftrag, eine Brücke in Belgien zu entwerfen, eine Ausstellung in Lissabon vorzubereiten oder das Vorhaben, gemeinsam mit dem Londoner Goldsmith College eine lange Wanderung auf der Seidenstraße in China mit einem mobilen Zelt zu planen. Und noch vieles mehr: Es brummt nur so in Rehbergers Ideenküche, der mit seinen Assistenten im Hinterhaus mitten in der Innenstadt sein Atelier hat. Er liebt kurze Wege, ist von dort schnell in seiner Wohnung nahe der Städelschule: Er nimmt sich Zeit für seine Studenten – und fürs Familienleben mit der neunjährigen Tochter. Oft hat er im Ausland gelebt, auch in Berlin, sich aber ausgerechnet, dass er bei seinen vielen internationalen Flügen von Berlin aus jährlich zwei Wochen länger unterwegs wäre als von Frankfurt aus.

Seine Kunst habe mit Design nichts zu tun, stellt Rehberger angesichts mancher Missverständnisse klar. Allenfalls gebe es bestimmte Strategien im Design, die Fragen an die Kunst stellten. Man könne sich auf die Serra-Skulptur vor der Berliner Nationalgalerie setzen, um sein Hinterteil abzukühlen, oder aber die Qualität dieses Kunstwerks visuell wahrnehmen. Autonome Kunst könne vieles sein, politisch oder sexy, für ihn aber nie ohne Funktion. „Ein Kunstwerk ist nicht an sich ein Kunstwerk“, sagt er: Mit einer kleinen Bronze von Rodin könne man als Hammer auch einen Nagel einschlagen, erfolgreicher sei sie aber in ihrer originären Eigenschaft als Kunstwerk.

Von Konstanze Crüwell

Peter Lerchbaumer

Auf die Grünkernbratlinge hätte er gern verzichtet. Aber der Frankfurter Drehbuchautor und Regisseur Rolf Silber hat sie ihm in seinem neuen Film vorgesetzt. Peter Lerchbaumer rümpft die Nase und denkt an seine jüngste Eigen-Kreation: eine angeschnittene ofenwarme Knoblauchzehe als Vorspeise. „Die braucht man nur noch auszuschlürfen", schwelgt der Wiener Schauspieler, der nach 18 Frankfurter Jahren längst im hiesigen Nordend zu Hause ist. Erst vor Kurzem hat er die Bratlinge in der ARD-Produktion „Der Mann auf der Brücke" hinuntergewürgt: ein erfolgreicher Bühnenkünstler, der zu Film und Fernsehen gewechselt ist, weil er nach der Eschberg-Intendanz offenbar nicht mehr ins Ensemble des Frankfurter Schauspiels passte.

Ein bisschen enttäuscht wirkt er schon. Doch er sagt, er sei nicht verbittert. Im Gegenteil: Dank der Zwangspause nach seinem Ausscheiden 2001 konnte sich der bodenständige Mime intensiv um seinen damals einjährigen Sohn kümmern. Mittlerweile assistiert ihm Benedikt schon in der Küche beim Zwiebelschneiden. Lerchbaumer sorgt nicht nur mit Leidenschaft für das leibliche Wohl der Seinen, er spielt auch „aus dem Bauch", wie alle wissen, die seinem „Josef Bieder", seinem „Theatermacher" und seinem Shakespeare-Narren in dem Dauerbrenner „Was ihr wollt" zugejubelt haben. Insgesamt 25 Rollen musste der Charakterschauspieler mit dem ambivalenten Wiener Humor in Peter Eschbergs Abschiedsrevue auf die Bühne stemmen. Danach war er platt.

Lerchbaumer, 1945 geboren, war schon 1968 nach seinem Debüt am Burgtheater und ersten Dreherfahrungen ins studentenbewegte Deutschland übergesiedelt. Er hat auf den Proben immer gern mitgeredet – so gern, dass er einmal von einem entnervten Regisseur vor die Tür getragen wurde. Das Intervenieren hat er sich abgewöhnt: Die Kamera, das unbekannte Wesen, hat ihn diszipliniert. Er führt auch nicht mehr Regie wie einst in Basel bei Stücken von Franz Xaver Kroetz, Dario Fo und Peter Turrini. Vielmehr fügt er sich den Drehbüchern und Regisseuren wie Dieter Wedel, mit dem er in Kapstadt gerade zum ersten Mal gearbeitet hat: an einem Zweiteiler über einen Hamburger Millionen-Betrüger. Neun „Tatort"-Folgen hat er hinter sich. Nun liebäugelt er mit einem Bühnen-Projekt der Ruhrfestspiele.

Wenn Lerchbaumer nicht vor der Kamera steht, erntet er Äpfel und Mirabellen in seinem wilden Garten am Lohrberghang, einem Paradies für Kinder und Vögel, Blindschleichen und Ameisen. Auf Insektizide verzichtet er dort. Lieber sieht er zu, wie sich die Obstbäume auch ohne ihn vom Raupenfraß erholen. Oder er steht am Herd und brät Wiener Schnitzel nach dem Rezept von Fritz, einem Beisl-Kellner im X. Wiener Bezirk. „Zweimal wird das Kalbsschnitzel in Mehl und Eigelb gewälzt und doppelt paniert. Dann kommt es für ein paar Stunden in den Kühlschrank, bevor es in Schmalz gebraten wird", verrät er den besonderen Kick seiner Lieblingsspeise. Seine Ehefrau Caroline, eine ZDF-Redakteurin, ist um ihre männliche Küchenfee zu beneiden.

Von Claudia Schülke

Konstantina Dagianta

Manchmal erlebt Konstantina Dagianta filmreife Szenen. Wie die mit dem besonders aufgeregten Gast, der sie bat, Blumen für ihn bereitzuhalten. Auf sein Zeichen brachte sie ihm den Strauß, er fiel mitten im Lokal auf die Knie und machte seiner Begleiterin einen Heiratsantrag – die Braut in spe weinte vor Glück, die Gäste ringsum klatschten Beifall.

Natürlich geht es im Opéra, dem schönen Restaurant in der Alten Oper, nicht immer so romantisch zu, aber Theaterluft kann man hier schon schnuppern, wenn mittags die Herren Vorstände ihre Gäste ausführen, ältere Männer sich mit deutlich jüngeren Damen treffen oder stadtbekannte Gastronörgler den Kellner zur Schnecke machen. Dieses Restaurant ist auch ein bisschen Showroom und Marktplatz, aber für Konstantina Dagianta bedeutet es vor allem harte Arbeit. Dass sie sie täglich gern tut, merkt man ihr an.

Als Tochter griechischer Eltern wurde sie in Frankfurt geboren und wuchs in der Stadt auf. Jedenfalls so lange, bis ihr Vater feststellte, das Kind sprach ja nur noch Deutsch. Also kam die kleine Konstantina zu den Großeltern nach Piräus, wo sie die Grundschule besuchte und ihre Vatersprache erlernte. Nach Deutschland kehrte sie zurück, als sie auf das griechische Lyzeum in Wiesbaden geschickt wurde, eine reine Mädchenschule, die es heute nicht mehr gibt. Der Unterricht fand auf Griechisch statt, mit den Fremdsprachen Deutsch, Latein und Alt-Griechisch. Die Schule war streng, und Nationalstolz gehörte sozusagen zum Lehrplan.

Nach dem Abitur folgte eine längere Erprobungsphase, in der die junge Frau viel las und sich durchs Leben jobbte, mal beim Anwalt, mal als Zigarrenverkäuferin für Davidoff. Danach studierte sie in Frankfurt Literatur, Philosophie und Sozialpädagogik und machte ihr Examen. Nebenher kellnerte sie im Restaurant des Wiesbadener Kurhauses. Dort lernte sie dessen Gastronomen Gerd Käfer kennen und schätzen. Käfer erkannte ihr Potential und trug ihr die Leitung des Restaurants Opéra in der Alten Oper an. Das kam überraschend, ihr Lebensziel war es nicht, aber er überzeugte sie mit den Worten: „Wenn's einer machen kann, dann du."

Der Sprung ins kalte Wasser gelang, der Umgang mit Gästen und Personal fiel ihr nicht schwer, gastronomisches Wissen erwarb sie sich berufsbegleitend in Seminaren und Schulungen. Und dann kann sie jederzeit auf die Unterstützung ihrer Mentoren rechnen. Das sind die Gastronomen Gerd Käfer, Gebhard Bucher und Roland Kuffler und der Chef der Alten Oper, Michael Hocks. Gerd Käfer, sagt sie, ruft sie am Tag viermal an, um sich nicht nur nach den Zahlen zu erkundigen, sondern auch, weil er einfach gern mit ihr schwätzt, und wenn sie Zahnschmerzen hat, dann meldet er sich aus lauter Fürsorge sogar zehnmal.

Die Frau, die gern und viel liest, in ihrer karg bemessenen Freizeit Gedichte schreibt und sich von der Arbeitszeit gern mal zehn oder fünfzehn Minuten abzwackt, um in ein Konzert in der Alten Oper hineinzuhorchen, spricht fließend Deutsch mit kleinen, netten Fehlern („wenn es ein Problem gibt – ich gehe am Tisch") und hat ihr stimmhaftes griechisches S behalten. Und sich auch im ärgsten Stress jene Freundlichkeit bewahrt, die jeder Gast gern hat, wenn er ein Restaurant betritt.

Von Peter Lückemeier

Christine Glasner

Wenn sie sich mit ihrem bürgerlichen Namen Helmer vorstellt, hört sie oft: „Aber dann spielen Sie ja gar nicht mit; auf dem Plakat steht nur eine Glasner." Solche Begegnungen gehören zum Alltag einer Schauspielerin, die unter ihrem Mädchennamen auftritt wie ihr Jugendidol Romy Schneider. Christine Glasner, Gattin des Theaterdirektors Claus Helmer, schmunzelt verschmitzt in sich hinein. Gibt es noch weitere Hürden? Nun ja: Dass sie in Innsbruck geboren ist, wissen wir längst, aber wann? Sie zieht die Brauen hoch: „Na, dann lassen Sie Ihre Leser doch mal ein bisschen rechnen", entgegnet sie und fragt die Kellnerin, ob das stille Wasser erst aufgewärmt werden müsse. Mit Zickereien hält sie sich nicht auf, dafür ist sie viel zu natürlich: Es ist eine Freude, mit ihr zu plaudern.

Und ein ästhetischer Genuss, sie jetzt auf der Bühne der Frankfurter „Komödie" bewundern zu können: als durchgebrannte Ehefrau und vollendete Dame in auberginefarbener Paillettenrobe. „Der Boulevard – das war für uns damals Dreck", erinnert sie sich an die ehemalige Max-Reinhardt-Seminaristin, die sie einmal war. In Wiens vornehmster Schauspielschule hatte sie als Zwanzigjährige 1967 als Gretchen vorgesprochen: „Was ich doch gar nicht bin." Dennoch wurde sie mit 38 anderen Glücklichen unter 400 Mitbewerbern angenommen. Nach dreijähriger Ausbildung bei Lehrern wie Otto Schenk und Fred Liewehr sowie einem Gastauftritt bei der „Tischgesellschaft" des Salzburger „Jedermann“ kam sie dank der Schauspielerin Susi Nicoletti an das Theater in der Josefstadt.

Auf der ehrwürdigen Reinhardt-Bühne zitterte sie in ihrem ersten Stück vor Fritz Muliar. Seite an Seite mit den Koryphäen des Wiener Theaters, konnte sie aber von „Ehre“ allein nicht leben: Mit 2100 Schillingen, umgerechnet 300 Mark oder knapp 150 Euro Anfangsgage, kam sie nicht weit. Doch immerhin bis nach Köln, um im Theater am Dom mehr zu verdienen. Bald spielte sie auch in Stuttgart „im Marquardt“. Dort entdeckte der frischgebackene Direktor der Frankfurter „Komödie“ 1974 die junge Aktrice und engagierte sie für seine Produktion „Schlafwagen Paris-Marseille“. Seit 1977 sind die beiden ein Paar, 1986 heirateten sie. Inzwischen liebt die Schauspielerin sogar das ihr einst so verhasste Frankfurt.

Gemeinsam begeistern die Helmers ihr Publikum in Komödien wie „Cyrano in Buffalo“, „Othello darf nicht platzen“ oder „Endlich allein“. Aber Christine Glasner hat auch in ernsten Stücken wie „Andorra“ oder „Der Fall Furtwängler“ auf der Bühne des Rémond Theaters gestanden, das ihr Mann 1995 ebenfalls übernahm. Unvergessen ist ihr gemeinsamer Auftritt in Molnárs „Liliom“. In solchen Fällen lernen sie ihren Text gemeinsam. Ansonsten zieht sich die Schauspielerin zum Rollenstudium zurück und lässt sich auch nicht „abhören“. Außer ihrer Hingabe ans Theater teilt sie mit ihrem Mann die Liebe zu Sissi und Vroni, zwei Tigerkatzen vom Tegernsee, wo sich das Ehepaar gern erholt – sofern er nicht am Sachsenhäuser Berg seine Rosen pflegt und sie nicht den Rasen mäht oder ihm sein obligatorisches Schnitzel brät. Dann fällt ihr noch etwas ein: „Ohne Musik könnte ich nicht leben.“ Dabei denkt sie an Mozart und Verdi. In ihrem nächsten Leben möchte Christine Glasner Opernsängerin werden: eine Traviata oder Carmen.

Von Claudia Schülke

Klaus-Albert Bauer

Musik oder Recht? Das war bei Klaus-Albert Bauer nie die Frage. Er hat sich für die Juristerei entschieden und dennoch der Musik die Treue gehalten. Wenn der Anwalt aus dem Fenster der Kanzlei „Freshfields, Bruckhaus, Deringer" im Park-Tower sieht, blickt er auf seinen Lieblingsort, die Alte Oper. Diesen Musentempel besucht er nicht nur als regelmäßiger Konzertgänger, er dient ihm auch als Vorsitzender der Freunde der Alten Oper. Eine halbe Million Euro sammelt der Freundeskreis im Jahr für das Konzerthaus und ermöglicht damit manche hochklassige Musikveranstaltung.

Vor Kurzem stand Bauer mit dem Dirigentenstab vor den „Frankfurter Solisten", einem Klangkörper mit Musikern vor allem des hiesigen Museumsorchesters, und dirigierte eine Haydn-Sinfonie. Gelernt hat er das Dirigieren in München bei Maestro Sergiu Celibidache. Damals durfte er hin und wieder den Münchner Philharmonikern den Takt angeben. „Celi", wie Celibidache von seinen Schülern genannt wurde, ist für Bauer immer noch der Fixstern an seinem musikalischen Himmel. Überhaupt ist Musik für Bauer mehr als ein Hobby, sie ist ein Teil seines Lebens, seit er mit sechs Jahren Klavierunterricht bekam, später als Gymnasiast in Aschaffenburg im Schulorchester spielte und bei „Jugend musiziert" erste Erfolge errang.

In der Lounge seiner Sozietät im obersten Stockwerk des Hochhauses steht für die Mitarbeiter ein Flügel zu Verfügung, aufgestellt auf Initiative von Bauer, der sich damit natürlich auch selbst einen Gefallen tat. Der 55 Jahre alte Anwalt sorgt auch auf andere Weise für gute Töne in seiner Firma. Seit 2001 leitet er das Kanzleiorchester, das immerhin schon Saint-Saëns' „Karneval der Tiere" und Bachs „Konzert für zwei Klaviere und Streichorchester C-Dur" aufgenommen hat. In diesem Klangkörper gilt der Sozietäts-Partner Bauer nicht mehr als der Junganwalt X oder die Sekretärin Y.

Bauers Leidenschaft für Musik wird nur noch von der für das Rechtswesen übertroffen. Richter wie sein Vater wollte er nicht werden, ihn reizte mehr das Internationale. Während seines Jurastudiums verbrachte er ein Jahr in Genf, nach seinem Examen in Tübingen machte er an der Columbia-Universität in New York den Masterabschluss. Beide Auslandsaufenthalte waren für ihn von entscheidender Bedeutung. In New York lernte er seine finnische Frau kennen, die dort Architektur studierte und mittlerweile an einer Hochschule in Helsinki unterrichtet. Mit ihr verständigt er sich auf Französisch, das er seit seinem Genf-Aufenthalt fließend spricht. Frankfurt und Helsinki sind die Lebensmittelpunkte der Familie Bauer, zu der noch der 25 Jahre alte Sohn gehört, der in Costa Rica an einer UN-Universität Friedensforschung studiert.

Beim Max-Planck-Institut für ausländisches öffentliches Recht und Völkerrecht hat der stets neugierige Bauer sich als einer der Ersten hierzulande mit Computerrecht beschäftigt. Juristerei und Dirigierkurse liefen damals parallel. Als gefragter Patent-Fachmann trat er vor 15 Jahren in Frankfurt in die international tätige Kanzlei „Freshfields, Bruckhaus, Deringer" ein. Für sie hat er 1993 in Moskau ein Büro aufgebaut, später arbeitete er für die Kanzlei in Tokio, 1999 kehrte er nach Frankfurt zurück. Seither sind es von seinem Arbeitsplatz nur ein paar Schritte ins Paradies der schönen Töne in der Alten Oper.

Von Hans Riebsamen

Boris Rhein

Bei seinem Sohn kommt Boris Rhein zurzeit ziemlich cool rüber. Bruno ist sechs Jahre alt, und wie die meisten Jungs in diesem Alter findet er alles zum Thema Polizei spannend. Weil sein Vater seit Januar Staatssekretär im hessischen Innenministerium ist und deshalb oft mit Polizisten zu tun hat, ist Bruno sehr zufrieden. Vorher, als Boris Rhein noch Wirtschaftsdezernent in Frankfurt war, hatte der Sohn auf die Frage, was sein Vater denn den ganzen Tag mache, immer antworten müssen: „Irgendwas mit Geld." Jetzt darf er sagen: „Viel mit Polizei" – und kann bei seinen Klassenkameraden reichlich punkten.

Der Nachteil an Boris Rheins neuer Aufgabe in Wiesbaden ist, dass Bruno seinen schon vorher schwer beschäftigten Vater alltags noch seltener sieht. Immerhin einen Abend in der Woche kann sich der 37 Jahre alte Vorsitzende der Frankfurter CDU für seine Familie freihalten. Viel mehr Freizeit wäre vielleicht auch nicht so gut, scherzt Rhein: Säße er jeden Abend mit seiner Frau, einer Richterin, auf dem heimischen Sofa seines Hauses in Nieder-Erlenbach, dann würde er sicher schnell versuchen, dass eine oder andere im Haushalt zu „optimieren".

„Optimieren", das ist so ein Wort, das der Politiker Rhein schätzt. Denn zum einen sagt es, dass etwas schon sehr gut ist, quasi nahezu optimal, zum anderen lässt es noch ausreichend Raum für Verbesserungen, den Rhein, der in

Frankfurt geboren ist, stets zu nutzen gedenkt. Weil er Optimist ist und Menschenfreund, ist er von dem tiefen Glauben beseelt, eigentlich jede Sache noch besser machen zu können.

Politiker wurde Rhein früh. Schon zu Schulzeiten, die er auf dem altsprachlichen Lessing-Gymnasium verbrachte, stritt er mit Vater Peter Rhein, damals Schuldezernent mit SPD-Parteibuch, über Ganztagsschulen. Der Vater hieß sie gut, der Sohn lehnte sie ab. Mit 24 Jahren wurde er Vorsitzender der Jungen Union. Den Posten nutzte er, um mit Thesen aufzufallen, die eher den rechten Flügel der CDU erfreuten. 1997 wollte er lieber Erika Steinbach an der Parteispitze sehen als den schließlich gewählten liberaleren Udo Corts. Der wiederum bezeichnete seinen Nachfolger Rhein zum Wechsel an der Parteispitze im Frühjahr 2008 als „großen Kommunikator“, der sich gut in Themen einarbeiten könne. Rhein gilt als hervorragend vernetzt. Hat er Zeit, geht er gern joggen; seinen Labrador-Rottweiler-Mischling dürfte das besonders freuen.

Nach sieben Jahren im Landtag, von 1999 bis 2006, kehrte Rhein nach Frankfurt zurück – als Ordnungsdezernent. Später übernahm er auf Geheiß von Oberbürgermeisterin und Parteifreundin Petra Roth das Wirtschaftsressort. Wenn der kurzhaarige Mann mit der modischen schwarzen Brille und dem breiten Lachen erklärt, wie der Magistrat nach einem neuen Standort für die Brauerei Radeberger suchte, dann zeichnet er einen imaginären Lageplan mit dem Finger auf den Tisch. Auch sonst ist Rhein ein Mann der Gesten: Zeigefingerschnellen, Kopfnicken, Händefalten. Immer freundlich ist er, ein Schnellsprecher, der aber auch zuzuhören vermag. Früher oft atemlos, heute entspannter. Zumindest so lange er nicht auf seine Ambitionen angesprochen wird. „Ich bin doch gerade erst Staatssekretär“, sagt er dann. Aber eine Wette, dass er das noch fünf Jahre lang bleibt, würde er bestimmt auch nicht annehmen.

Von Tobias Rösmann

Henry Faktor

Er denkt nicht stromlinienförmig, sondern unkonventionell. Ein Querkopf also. Der beste Soziologe ist für den diplomierten Soziologen Henry Faktor mittlerweile Ludwig Erhard. „Er war ein praktischer Soziologe“, sagt er. Der Neunundfünfzigjährige sieht sich inzwischen als Anhänger der Frankfurter Schule. Aber nicht der Horkheimers und Adornos, sondern der Frankfurter Schule der Sozialen Marktwirtschaft Ludwig Erhards und Franz Oppenheimers.

Faktor passt in keine Schublade. Früher war er links, ein Achtundsechziger, der unter anderen bei Jürgen Habermas studiert hat. Als Schüler schon gehörte er als assoziiertes Mitglied dem SDS an. Längst hat sich der Immobilienunternehmer Faktor von seinen „Jugendsünden“ abgewandt. Zu seiner Vergangenheit steht er: „Ich bereue nichts.“ Ist er konservativ? Oder liberal? Gar progressiv? Wohl von allem etwas. Er hat im Bundestagswahlkampf für die FDP geworben. Aber Mitglied würde er nie werden. Auch nicht der CDU, die er ebenfalls unterstützt: „Ein Chaot wie ich ist Gift für jede Partei.“ Er würde wohl mit seinem Querdenken lediglich die Ordnung durcheinanderbringen.

Unternehmer gelernt hat Faktor in einer Fabrik in Israel, an der sein Vater Georg beteiligt war. Management-Erfahrung, erworben in der Praxis. Learning by doing. Den Schliff hat ihm dann sein Vater gegeben, dem er beim Aufbau des Nordwest-Zentrums geholfen hat. Für den Sohn waren das lange, schwere, aber gute Lernjahre. Sein Gesellenstück lieferte er mit der Titus-Therme ab, die er maßgeblich mitkonzipiert hat.

Faktors Meisterstück ist ein 23 000 Quadratmeter großes Bürohaus an der Marie-Curie-Straße im Mertonviertel, das an die Wirtschaftsprüfungs- und Beratungsgesellschaft KPMG vermietet ist. Es gilt als eines der schönsten Bürogebäude in Frankfurt. Günstige Marktumstände haben es Faktor Ende der Achtziger, Anfang der neunziger Jahre erlaubt, in hoher Qualität zu bauen. Auch im Wohnungsbau ist seine Unternehmensgruppe engagiert, 300 Wohnungen sind bisher unter Faktors Regie entstanden. Faktor will neben Häusern andere bleibende Werte hinterlassen. Als sozial verantwortlicher Unternehmer, als der er sich fühlt, möchte er einen Beitrag für Frieden, Sicherheit und gegen die Armut leisten. Lange hat er über Gemeinnützigkeit nachgedacht und ist zu der Erkenntnis gekommen, dass dieser Begriff kein anderes Wort für Almosen ist, sondern dass damit eine strikte Hilfe zur Selbsthilfe gemeint ist.

Mit seinen fast 60 Jahren möchte er mit diesem Ziel vor Augen noch einmal etwas Neues beginnen. Faktors Projekt heißt „Green4Social“, eine Internet-Plattform, die den Zugang öffnen soll zu einem virtuellen Kaufhaus, wo man einkaufen kann für einen guten Zweck. Jeder Käufer zahlt eine geringe Gebühr, deren Empfänger er selbst bestimmt: eine Schule in seiner Heimatstadt, eine Kooperative in einem Entwicklungsland, ein Verein in Israel. Im Frühjahr soll die Plattform eröffnet werden.

Israel ist übrigens das Land, das dem Juden Henry Faktor besonders am Herzen liegt. Dort hat er sich in der Vergangenheit für manche gute Sache starkgemacht, zum Beispiel in Frankfurts Partnerstadt Tel Aviv für deren Universität. Sie hat ihn zum Dank zu einer ihrer Governer gemacht.

Von Hans Riebsamen

Josef Pfeilschifter

Der König, die Kurtisane, der Narr – die drei Picasso-Kopien hängen aufwendig gerahmt in Josef Pfeilschifters Büro. Gleich zu Beginn seiner Amtszeit hat er sich diesen Wandschmuck ausgesucht. Schließlich verkörperten die Motive doch irgendwie die drei Identitäten eines Dekans, sagt der Medizinprofessor lächelnd.

Äußerlich hat Pfeilschifter nicht viel von einem König. Der schlanke Mann mit dem immer ein wenig zerzaust wirkenden Haar tritt bescheidener auf als manche Klinikchefs, deren Gehabe zum Vergleich mit einer noch höheren Instanz einlädt. Mächtig ist er in dem Sinn, dass er seit fast acht Jahren einem der größten Fachbereiche der Goethe-Universität vorsteht. Er gehört zum Vorstand des Uniklinikums und hat die Budgethoheit über seine Fakultät. Aber der 54 Jahre alte Pharmakologe ist ein demokratisch gewählter Monarch und offenbar auch ein beliebter: Zweimal sei er einstimmig im Amt bestätigt worden, berichtet er dann doch ein wenig stolz. Was aber der gebürtige Oberpfälzer mit einer Kurtisane gemein hat, ist allenfalls der Umstand, dass auch er etwas „verkaufen" muss – nämlich seinen Fachbereich, der mit anderen Unis um exzellente Gelehrte und begabte Studenten konkurriert. In wissenschaftlicher Hinsicht kann sich das Umfeld, das er anzubieten hat, sehen lassen: Bei Forschungsrankings landet die Frankfurter Universitätsmedizin im oberen Mittelfeld, auch finden sich im Kollegium einige herausragende Köpfe.

Schwierigkeiten gibt es dagegen in der Lehre, und daran hat sich seit Pfeilschifters Amtsantritt wenig geändert. Noch immer schneiden die angehenden Ärzte aus Frankfurt beim zweiten Staatsexamen deutlich schlechter ab als der Bundesdurchschnitt. Erst am Donnerstag haben Studenten bei einer Protestaktion vor dem Dekanat wieder einmal ihren Unmut über Missstände kundgetan. Überfüllung oder Ausfall von Vorlesungen, Pannen bei Prüfungen, auch organisatorische Mängel in der Verwaltung werden moniert. „Viele der Kritikpunkte hätte ich ohne Weiteres unterschreiben können", sagt Pfeilschifter im milden Dialekt seiner alten Heimat. Man sei noch „am Analysieren", wie die Probleme behoben werden könnten. Schwer vorstellbar, dass er in einer Fachbereichssitzung nach altbayerischer Manier mit der Faust auf den Tisch hauen und die Kollegen energisch auf seinen Glaubenssatz verpflichten könnte, dem zufolge Lehre und Forschung an einem Uniklinikum gleichrangig sind. Dabei beteuert Pfeilschifter, dass er bei aller Liberalität auch durchsetzungsfähig sei. „Ich bin kein konfliktscheuer Mensch." Andererseits weiß er, dass eine Gremienuniversität kein absolutes Königtum zulässt: „Ich gebe zu, dass ich manchmal ans Ende meiner Möglichkeiten komme."

Einmal, im August 2008, hat Pfeilschifter seine Möglichkeiten für kurze Zeit überschätzt. Aus Berlin erreichte ihn die Anfrage, ob er sich um das Amt des Dekans der Charité bewerben wolle. „Sicher war es auch Eitelkeit, die mich verlockt hat, ja zu sagen. Aber wie sich gezeigt hat, war ich nur Zählkandidat. Im Nachhinein verbuche ich das Ganze unter der Rubrik ‚Hauptstadtkuriositäten'."

Derzeit zieht den Vater zweier Kinder nichts aus Frankfurt weg, wie er beteuert. Wenn irgendwann in München einmal ein Dekan gesucht würde, dann könnte ihn das reizen, gibt er zu. Aber solch einen Wechsel würde er vermutlich sehr behutsam einfädeln. Zum Narren machen lässt er sich bestimmt kein zweites Mal.

Von Sascha Zoske

Juergen Boos

Wer sein Kind zum Direktor der Frankfurter Buchmesse machen will, sollte ihm das Fernsehen verbieten und es an Bücher gewöhnen. So hat es die Familie von Juergen Boos gehalten, als der heutige Buchmessenchef ein kleiner Junge war. In seinem Elternhaus in Lörrach las der 1961 geborene Boos alles, was ihm in die Hände fiel, vom „Herrn der Ringe" bis zu Walter Benjamin. Vermutlich hat er sich auch schon als Jugendlicher dafür interessiert, wie das, was er las, vom Autor zum Leser findet. Nach dem Abitur machte er eine Lehre in der Freiburger Buchhandlung eines Onkels, und während des anschließenden Studiums der Betriebswirtschaft in Mannheim führte er ein Jahr lang sogar eine kleine Buchhandlung. Morgens packte er Bücherpakete von Verlagen und Großhändlern aus, abends griff er zum Staubsauger und machte sauber.

An das gründliche Studium des Handels mit der Ware Buch schloss sich eine rasche Karriere an. Sein oft eingestandener Drang nach Neuem führte Boos zunächst als Verkaufsleiter zu Droemer Knaur und zu Hanser nach München, ehe er zum Julius Springer Verlag nach Berlin und Heidelberg wechselte. Von 1997 an war er acht Jahre lang Mitglied der Geschäftsleitung des Wissenschaftsverlags Wiley-VCH in Weinheim. Dann meldeten sich die Headhunter bei ihm, die für den Börsenverein des deutschen Buchhandels nach einem neuen Buchmessendirektor suchten.

Seit Boos Anfang 2005 zum Chef der größten Bücherschau der Welt ernannt worden ist, hat er sie erfolgreich geführt. Erst im vorigen Jahr, in dem die Buchmesse sich mit dem Gastland China fast übernommen hätte, stagnierten krisenbedingt auch die Ausstellerzahlen. In Frankfurt hat Boos das vor seiner Zeit durch Abwanderungspläne gestörte Verhältnis zur Stadt beruhigt und voriges Jahr einen Vertrag unterschrieben, der die Buchmesse bis mindestens 2022 in Frankfurt hält. Er weiß, was die Messe an der Internationalität Frankfurts hat – es ist das fast perfekte Umfeld. „Was wir auf dem Messegelände erleben, spiegelt sich in Frankfurt jeden Tag."

Boos selbst wohnt noch immer in Heidelberg, wo seine Frau eine Galerie leitet. Sein Frankfurter Alltagsquartier sieht er an Wochentagen oft ebenso wenig wie die Familie. Schuld ist der Frankfurter Flughafen, der nicht nur die leichte Erreichbarkeit der Buchmesse und damit ihren internationalen Erfolg garantiert, sondern Boos auch bequeme Besuche in Ländern ermöglicht, in denen Messepartnerschaften zu pflegen oder Gastlandverträge auszuhandeln sind.

Die Messe, die Boos leitet, hat sich seit seinen ersten Besuchen als Aussteller deutlich verändert. Tippte er seine frisch ausgehandelten Lizenzverträge damals noch mit Kohlepapier auf der Schreibmaschine, dreht sich ein großer Teil des Messegeschäfts inzwischen nicht mehr um Bücher, sondern um Inhalte, die auf anderen Datenträgern angeboten werden. Daran, dass die Frankfurter Buchmesse umfassender und bunter bleibt als die Konkurrenz, arbeitet Boos ebenso wie an weiteren Gastlandabkommen. Im Herbst 2010 war Argentinien Ehrengast, 2011 Island, 2014 Finnland. Für die beiden Jahre dazwischen gibt es noch Verhandlungen. Im Übrigen seien weder Großbritannien noch die Vereinigten Staaten je Gastland gewesen. „Da gibt es noch viele Herausforderungen." Geht es nach Boos, werden sie angenommen.

Von Florian Balke

Bernd Loebe

Er ist ein Frankfurter Bub. Und er ist es gern: „Ich habe die Stadt immer gemocht." Zehn Jahre Brüssel, wo er an der Oper La Monnaie künstlerischer Direktor war, haben daran nichts geändert. Im Gegenteil. Es war für ihn umso erfreulicher, Anfang des neuen Jahrtausends nach Hause zurückzukehren, obwohl es dem Gourmet und Stimmenliebhaber in der belgischen Hauptstadt sehr gefallen hat. Ein Gefühl fast wie damals, als er mit den Eltern während der Sommerferien immer nach Lido di Jesolo an der italienischen Adria gefahren ist: Wenn das Auto wieder auf Frankfurter Straßen rollte, schlug sein Herz höher. Der Anblick des Hauptbahnhofs sei für ihn, erzählt er, das reine Glück gewesen. Und die Vorfreude war groß auf weitere zwei bis drei Wochen Freizeit, die er in der Stadt verbrachte. Unter anderem beim Kicken auf der Bertramswiese.

Nein, winkt der 1952 geborene Bernd Loebe ab, der im Jahr 2000 zunächst als Berater an das Frankfurter Musiktheater gekommen war und seit der Spielzeit 2002/2003 der höchst erfolgreiche Intendant des Opernhauses ist. Das Gerücht, er habe einmal eine Karriere als Profifußballer vor sich gehabt und sich dann doch für die Musik entschieden, stimme nicht: „Ich habe bis zur A-Jugend bei der Eintracht gespielt, war dort ein mittelmäßiger Kicker." Er sei nach wie vor ein Anhänger dieses Vereins. Fußball sei eine Nische zum Entspannen, aber sein Leben drehe sich um Theater, Oper, Musik. Etwa 100 Vorstellungen schaut er sich im Jahr im Frankfurter Opernhaus an, noch einmal etwa 100 Aufführungen anderswo im In- und Ausland. „Man muss Kontakte halten zu Dirigenten, Regisseuren, an ihrer Tür stehen und sagen, wie großartig sie sind. Das erspart manchen Tausender bei der Gage." Seit 1968 hält er mithilfe einer Reiseschreibmaschine die Besetzung aller Theateraufführungen fest, die er sieht. Kurz vor Ostern hatte er 6018 erreicht.

Derzeit wird an der Frankfurter Oper Wagners „Rheingold" geprobt. Den Alberich der Produktion nehme er mal mit ins Stadion, erzählt Loebe, der Bariton wolle ein Bundesligaspiel sehen. Eintracht-Chef Bruchhagen mache es möglich. Überhaupt bringt Loebe den Sängern aus allen möglichen Weltgegenden gelegentlich die Frankfurter Lebenswelt nah. Der Apfelwein sei bei ihnen nicht so beliebt: „Ich versuch's erst mal mit Gespritztem." Viele Mitglieder des Ensembles wollten Frankfurt gar nicht mehr verlassen. Das Image von der kalten Stadt treffe ja nicht zu. Es nerve ihn aber auch, sagt der Opernintendant, wenn alle sich ständig bemühten, das Gegenteil zu beweisen. Da halte er es lieber mit dem spezifischen Frankfurter Charme des Spröden, „dem Ich manchmal ja auch unterliege – andere erklären dann den Gesprächspartnern, wie ich es eigentlich meine".

Loebes frühe Jugend wurde begleitet vom rammenden Sound des U-Bahn-Baus. An der Neuhaußstraße, Ecke Eschersheimer Landstraße, wuchs er auf. Tag und Nacht sei der Lärm von der Baustelle zu hören gewesen, erinnert er sich. Kein Wunder, dass er schon früh die Nähe zu angenehmeren Tönen gesucht hat. Ein Foto mit Schultüte zeigt den Erstklässler, der auf die Holzhausenschule ging, vor einer Litfaßsäule. Darauf klebt ein Plakat, das ein Konzert des Frankfurter Museumsorchesters, des Opernorchesters der Stadt, mit Ferenc Friscay ankündigt. „Schon damals", sagt Loebe, „wurde ich von diesen Dingen angezogen."

Von Michael Hierholzer

Nina Hollein

Ein Bikini, ziemlich brav mit Boxershorts, den sie aus Dirndl-Stoff auf der Nähmaschine ihrer Mutter mit 13 Jahren nähte, war die erste Kreation von Nina Hollein: Man kann auch mit Kleidung punkten, erkannte sie damals, und so entwarf und nähte sie sich als Teenager fast alles selbst. Entworfen hat sie später auch beruflich: Die 1971 geborene Wienerin, Tochter eines Designers und einer Altphilologin, studierte Architektur in ihrer Heimatstadt und arbeitete von 1996 bis 2001 in den New Yorker Büros von Peter Eisenman, Tod Williams und Billie Tsien.

Ihre erste Nähmaschine bekam die junge Architektin von den Kollegen als Abschiedsgeschenk, als sie mit ihrem Mann Max Hollein, der 2001 Städeldirektor wurde, nach Frankfurt zog. Hier arbeitete sie kurz bei Albert Speer, bis sich ihr erstes Kind anmeldete: Loys kam 2001 zur Welt, Hector 2003 und Lucie 2005. Auch für sie schrieb sie ihre Kinderbücher über Henri Matisse und Yves Klein.

Vor einem Jahr präsentierte sie ihre ungewöhnliche Modekollektion in der Galerie Bärbel Grässlin zum ersten Mal: schlichte und doch raffinierte Kleider, Röcke und Hosen für Kinder und Damen aus traditionellen bäuerlichen Nutzstoffen, mit grünen, blauen oder roten Karos auf schneeweißen Baumwollstoffen, die eigentlich für Geschirrtücher gedacht sind, oder mit einfachen Blumenmustern. Die Stoffe entstehen in den alteingesessenen Webereien im oberösterreichischen Mühlviertel, die froh sind, dass ihre Produkte jetzt durch Hollein in anderem Kontext zu neuen Ehren gelangen. Die Gegend kennt und liebt sie seit ihrer Kindheit: Auf dem Bauernhof, den ihr Großvater einst dort gekauft hat, ist sie heute oft mit ihrer Familie.

Sie entwirft praktische und attraktive Mode – aus Sicht der Kinder, denn von ihren Söhnen weiß sie, was eine Hose bieten muss: Bequemlichkeit, nur einen Knopf zum Schließen, Taschen und ein Bändel, um etwas daranzuhängen. Ihre Tellerröcke für kleine Mädchen lassen sich in ein Cape verwandeln; überhaupt schätzt Nina Hollein multifunktionale Kleidungsstücke, die auf Wunsch zu verändern sind: für sie ein Ausdruck von Individualität und das Gegenteil der Label-Manie: „Baby Dior" für Neugeborene, das müsse nicht sein.

Sie liebt klare geometrische Schnitte, anfangs sei es ein ähnlicher Prozess wie bei einem architektonischen Entwurf, der hier nur viel schneller zum Ergebnis führe als bei einem Bau, sagt sie. Seit Ende 2009 verkauft sie ihre Kollektion in einem schönen alten Sachsenhäuser Laden an der Laubestraße/Ecke Gutzkowstraße, wo sie auch ihr Atelier hat. Die Lage – zwischen Schule, Kindergarten und Wohnung – findet sie ideal: Ihre drei Kinder sind „Chefsache" für sie, auf Fremdbetreuung im Hort oder durch Au-pairs verzichtet sie. Natürlich sei ihr Alltag oft ein Spagat, sagt sie, aber wenn die Kinder Windpocken hätten, werde der Laden halt geschlossen. Bisher scheint ihr der Spagat zu gelingen: Für ihr überzeugendes Konzept wurde die Kollektion Nina Hollein auf der Frankfurter Modemesse mit der „Stilblüte" geehrt.

Von Konstanze Crüwell

Azko Iimori

Sie ist auffallend schlank, ausgesprochen liebenswürdig und immer sehr konzentriert bei der Sache. Dass diese mädchenhafte Frau ein ganzes Imperium stemmt, kann man sich kaum vorstellen. Und doch spürt man sofort den Respekt, den alle Mitarbeiter einschließlich der im Hause beschäftigten Handwerker an den Tag legen, wenn sie irgendwo auftaucht. Azko Iimori baut um und aus und ist noch längst nicht fertig. Ihr neuestes Projekt: ein japanisches Restaurant in der Nähe des Römer, direkt über ihrem, mittlerweile sehr beliebten wohnzimmerartigen Café, der „Patisserie Iimori" in der Braubachstraße. Im selben Komplex findet sich die große, helle Backstube, in der all die Leckereien nach eigenen Rezepten hergestellt werden, die man in den verschiedenen Dependancen erwerben kann.

Dabei kam Iimori vor fast genau 25 Jahren als frischgebackene Abiturientin ohne alle Sprachkenntnisse nach Deutschland, aber mit dem festen Vorsatz, sich hier irgendwann selbstständig zu machen. Durch Vermittlung einer befreundeten Missionarsfamilie fand sie zunächst Aufnahme im Diakonissenmutterhaus in der Nähe von Böblingen und machte eine Hauswirtschaftslehre. Nebenbei lernte sie so gut Deutsch, dass sie zwei Jahre später den Sprung nach Frankfurt wagte, um hier bei einer Fluggesellschaft anzuheuern. Ihr vordringliches Anliegen zu dieser Zeit: Genügend Geld verdienen, verbunden mit der

Möglichkeit, jederzeit schnell und preiswert zur Familie in Tokio reisen zu können.

Nebenbei hatte sie schon bald 10 000 Mark beisammen. Die investierte sie in ihr erstes Sushi-Lokal im Frankfurter Westend, für das sie eigens einen Koch aus ihrer Heimat kommen ließ. Weitere Lokale folgten und profitierten vom immer noch anhaltenden Trend, sich so kalorienarm wie möglich zu ernähren.

Sie hat dieses erste Restaurant längst wieder verkauft und sich inzwischen stärker auf die Produktion von Gebäck und Petit Fours verlegt – etwas, womit sie auch schon in ihrer Jugend in Japan Erfolg hatte. Das Besondere an dieser Art von Backwaren: Sie werden nach französischen Rezepten hergestellt, sind kleiner und vielfältiger in der Zusammensetzung als unsere hiesigen Kuchen und verursachen beim Naschen längst nicht so ein schlechtes Gewissen wie deutsche Sahnetorten. Der Erfolg blieb nicht aus, aber Iimori hielt den vielfältigen Belastungen eines Tages nicht mehr stand und musste sich in einem hiesigen Krankenhaus behandeln lassen. Zum Glück stellte sich ihr körperlicher Zusammenbruch aber als nicht lebensbedrohlich heraus.

Im Gegenteil: Iimori verliebte sich und schafft es nun, mit einem Arzt-Ehemann im Hintergrund, ihr Leben weniger stressig zu gestalten. Das bedeutet auch, Zeit zu finden für die Malerei und das Harfespiel, womit sie am Abend gern zur Ruhe kommt. Urlaub machen die Zwei aber am liebsten in Paris, wo Iimori längst auch ein japanisches Lokal und eine Wohnung ihr Eigen nennt. Denn mithilfe der französischen Küche neue Ideen zu entwickeln und dazu die passenden Weine zu entdecken, gehört nach wie vor zu ihren Lieblingsbeschäftigungen, für die sich auch ihr Mann begeistern kann.

Von Heinke Kilian

Andrea von Bethmann

Bethmann verpflichtet. Das hat Andrea Weymayr schnell gemerkt, nachdem sie Andrea von Bethmann geworden war. Als sie damals an der Technischen Universität in München Ökotrophologie, also Ernährungswissenschaften, und später in Berlin am Otto-Suhr-Institut Politikwissenschaften studierte, wusste sie nichts von einer Bethmann-Bank und der Frankfurter Familie Bethmann. Erst als sie in Berlin Konrad von Bethmann kennen und lieben lernte, wurde ihr bewusst, in welch bedeutende Frankfurter Bankiers- und Stifterfamilie sie einzuheiraten im Begriff war.

Andrea von Bethmann hat keine verwegenen Geldtheorien aufgestellt wie ihr 2007 verstorbener Schwiegervater Johann Philipp Freiherr von Bethmann, sie kann auch nicht wie dieser dialektsicher Stoltze-Gedichte vortragen. Was die beiden aber verbunden hat, waren die Liebe zur Geschichte und das Engagement für Frankfurts historisches Museum. Als Freiherr von Bethmann 1996 das „Bürgerkomitee Paulskirche" gründete, welche das zwei Jahre später unter dem Titel „1848 Aufbruch zur Freiheit" stattfindende Paulskirchen-Jubiläum vorbereitete, arbeitete seine Schwiegertochter ehrenamtlich mit. Mittlerweile ist Andrea von Bethmann als Leiterin des Vereins „Freunde & Förderer" eine Stütze des Museums geworden.

Museumsleiter Jan Gerchow dachte sofort an die kluge, gebildete und wortgewandte Andrea von Bethmann, als er die Idee entwickelte, für sein Haus einen eigenen Freundeskreis auf die Beine zu stellen. Zuerst übernahm die 1960 in München geborene und in Regensburg aufgewachsene Frau den Vorsitz im 2008 gegründeten „Kuratorium für das historische Museum", dem Vertreter der Wirtschaft und der Wissenschaft angehören. Vor Kurzem wurde sie auch Vorsitzende der neugegründeten „Freunde & Förderer". Als Lobbyistin, die etwa 30 Stunden in der Woche unentgeltlich für das Museum arbeitet, hat sie jetzt in dessen Verwaltungstrakt ein Büro bezogen: Kommunikation war schon immer die Stärke von Andrea von Bethmann. In Berlin, später in Frankfurt hat sie für den Steigenberger-Konzern Mitarbeiter in Höflichkeit und Umgangsformen geschult. Ihres Berufes wegen ist das Ehepaar damals nach Frankfurt umgesiedelt. Bereut hat Andrea von Bethmann diesen Schritt nie. In der Stadt standen ihr als Trägerin des Namens Bethmann viele Türen offen. Sie hat die Mainmetropole wegen ihres großstädtischen Angebots und ihrer kleinstädtischen Überschaubarkeit schätzen gelernt. Dabei besitzt sie immer noch vonseiten der Eltern her die österreichische Staatsbürgerschaft – und sie will auch weiterhin Österreicherin bleiben. Ein Wechsel der Nationalität würde ihr irgendwie als Verrat vorkommen. Und sind nicht auch die Habsburger-Kaiser, die in Frankfurt gewählt und gekrönt wurden, Österreicher gewesen?

Neben ihrer ehrenamtlichen Arbeit für das historische Museum und andere Einrichtungen versorgt Andrea von Bethmann einen Fünf-Personen-Haushalt. Für ihre Tochter und ihre zwei Söhne hat sie eine lange Elternzeit genommen, jetzt, da die Kinder langsam erwachsen werden, kann sie sich mehr Zeit für ihr gesellschaftliches Engagement nehmen. Der Name Bethmann verpflichtet schließlich.

Von Hans Riebsamen

Hans Sarkowicz

Die Theorie, dass man nur dann zum Bücherleser wird, wenn man von den Eltern vorgelesen bekommt, das Haus voller Bücher steckt und Vater und Mutter sich beständig an der Lektüre dicker Schmöker ergötzen – Hans Sarkowicz kann sie mühelos entkräften. Der Sohn eines polnischen Zwangsarbeiters, der der Liebe wegen in Deutschland geblieben war, wuchs in einem Haushalt ohne Bücher auf. Mit einer Ausnahme: Als er neun war, bekam er einen Bertelsmann-Atlas geschenkt. Der hatte einen Anhang mit höchsten Bergen, längsten Flüssen, den Hauptstädten der Welt. Diese Daten lernte der kleine Hans auswendig. Und als ein paar Jahre später der Deutschlehrer einen Literaturkanon aufstellte, kam Hans Sarkowicz auf den Geschmack. Er las nicht nur diese Bücher in Windeseile, er kaufte im Modernen Antiquariat der Hanauer Buchhandlung Dausien auch gleich 300 Reclam-Bändchen, das Exemplar für zehn Pfennig, die er Seite für Seite verschlang – in drei bis vier Monaten.

Im Studium von Germanistik und Geschichte in Frankfurt stieß Sarkowicz als Praktikant zum Radio des Hessischen Rundfunks. Und hatte das Glück, von Karl Corino, dem Leiter der Literaturredaktion, gefördert zu werden. Danach war der Weg vorbestimmt: freier Mitarbeiter, Volontär, Redakteur, schließlich seit 1995 Leiter des „Programmbereichs Kultur und Hörspiel". Dazu zählen Kinderfunk, Literatur, Bildung, Wissenschaft, Feature, die gelobten Hörbuchproduktionen und das reanimierte Funkkolleg. Vereinfacht gesagt ist er eine Hierarchiestufe unterhalb der klugen Wellenchefin Angelika Bierbaum für alle Wortbeiträge auf hr2 zuständig, die länger als dreieinhalb Minuten dauern. Dass die Qualität der Kulturwelle nach wie vor erstklassig ist (und eigentlich viel mehr Hörer verdiente), ist zu einem guten Teil Hans Sarkowiczs Verdienst.

Dreißig Jahre beim selben Arbeitgeber – ist das nicht langweilig? Nein, sagt Sarkowicz, er gehe noch immer täglich voller Freude an seine Arbeit, die ihm so viele Möglichkeiten eröffne, zumal er sich jenseits des unerlässlichen Redaktionsmanagements die Zeit freikämpft für inhaltliche Arbeit. Zumal er sich eingebunden fühlt in ein Team, das mit Lust bei der Sache sei. Zur Freude an seinem Beruf (ein Tag ohne Bücher wäre ihm undenkbar) trägt sicherlich aber auch seine Aktivität als Autor bei: Hans Sarkowicz veröffentlicht unablässig Bücher. Mal als Herausgeber, mal als Einzelautor, aber besonders gern gemeinsam mit anderen, vor allem mit Heiner Boehncke, denn die geteilte Autorenschaft gibt ihm die Kapazität, wieder noch mehr neue Bücher zu verfassen. So sind im Laufe der Jahre weit über fünfzig Titel rund um die großen Themen Hessen und Nationalsozialismus entstanden, aber Sarkowicz ist auch Herausgeber von Krimisammlungen oder – gemeinsam mit Franz Josef Görtz – Biograf von Heinz Rühmann oder Erich Kästner, demnächst soll eine Geschichte der Firma Opel herauskommen.

Der Vater zweier Söhne, von denen einer Journalist werden will, ist 1955 in Gelnhausen geboren, lebt dort nach wie vor und preist die Schönheit der historischen Stadt. Wo er in seinem Haus auch Platz hat für die Sammlung von Büchern mit den Schwerpunkten „Hessen“ und „Vormärz“, vornehmlich Erstausgaben. Insgesamt sind es 30 000 Bände. Wenn er davon erzählt, ist er genauso begeistert wie der Knabe, der sich damals durch 300 Reclambändchen fraß.

Von Peter Lückemeier

Pascal Roller

Die Stadt am Main hat es Pascal Roller angetan. „Ich habe Frankfurt schon ins Herz geschlossen", sagt der Basketballprofi der Frankfurt Skyliners. Als der Aufbauspieler vor elf Jahren hierher zog, hätte er ein so inniges Verhältnis wohl kaum für möglich gehalten. Es war ein grauer Herbst, in dem der damals 23 Jahre alte Roller die erste Tuchfühlung mit der Stadt der Bankentürme aufnahm: „Alles war trist und wirkte sehr spröde auf mich." Das hat sich aber in dem Jahrzehnt, das der flinke Point Guard in Frankfurt spielend verbracht hat, gründlich geändert.

So lieben die Fans den Kapitän der Skyliners: Die letzten Sekunden des Spiels laufen, die Frankfurter liegen mit zwei Punkten in Rückstand. Während die digitalen Ziffern auf der elektronischen Anzeige in der Frankfurter Ballsporthalle dem Ende entgegen ticken, landet der Ball beim Spielmacher: Roller nimmt Maß, und sein Wurf senkt sich von jenseits der Dreipunktelinie aus in den Korb des Gegners. Nicht viele Profis in der Bundesliga verfügen über einen so exakten Distanzwurf wie Roller – und auch nicht über die Nervenstärke des mit 1,80 Meter nicht gerade großen, aber sportlich oft überragenden Spielmachers.

Von seiner Schnelligkeit und Wendigkeit hat Roller auch im Kampf mit größeren, athletischeren Gegnern oft profitiert und so manchen Profi aus der Riege der Stars schon alt aussehen lassen. Große Gesten liegen dem „Captain", wie ihn seine Kollegen oft respektvoll nennen, aber weniger. Eigentlich ist Roller ein stiller Mann, aber kein verschlossener. Das Gespräch mit den Frankfurter Fans nach Spielende ist schon fast eine Pflichtübung für ihn, Berührungsängste kennt er nicht. Kein Wunder, dass ihn die Zuschauer der Basketball-Bundesliga nach der vergangenen Saison, in der Roller mit den Skyliners Zweiter wurde, zum beliebtesten Spieler wählten.

Roller wird im November 34 Jahre Alt. Seine Tochter Delisa Isabel ist zwei Jahre alt, das zweite Kind, ein Junge, kam am Mittwoch zur Welt. Vor zwei Jahren ist die junge Familie hinausgezogen ins Grüne und wohnt vor den Toren Frankfurts in Kelkheim. „Nicht dass wir uns da nicht wohlfühlen würden", sagt Roller, „aber irgendwie sind wir wohl doch eher Stadtmenschen. Deshalb schauen wir uns zurzeit tatsächlich wieder in Frankfurt um." Rollers Vertrag mit den Skyliners läuft mit dem Ende der bevorstehenden Saison aus, die für die Hessen heute mit dem Spiel in Oldenburg beginnt. Es sind ungewisse Zeiten, die der Profiklub, mit dem der ehemalige Nationalspieler 2004 Meister wurde, zur Zeit durchmacht. Der Hauptsponsor, die Deutsche Bank, wird sein Engagement nach dem Ende der Spielzeit reduzieren. Und ob die Hoffnungen auf eine neue, moderne Multifunktionsarena erfüllt werden können, steht in den Sternen.

Dennoch plant Roller mit Frankfurt – auch nach dem wohl bald bevorstehenden Ende seiner Karriere als Spieler. Ein Posten im Vereinsmanagement könnte gut zu ihm passen, schließlich hat Roller hier mehr als zehn Jahre fast ununterbrochen gespielt – mit Ausnahme seines Auslandsjahres beim italienischen Erstligaklub in Biella. Er sei „das Gesicht des Klubs", ist auf der Internetseite der Skyliners zu lesen. Roller ist in Frankfurt wohl mehr als dies. Jüngst war er beispielsweise Schirmherr bei der „Parade der Kulturen". Dass Roller die Stadt tatsächlich ins Herz geschlossen hat, merkt man. Und umgekehrt ist es sicher auch so.

Von Leonhard Kazda

Joachim Unseld

Während der Buchmesse begegnet man ihm auf fast allen Empfängen. Joachim Unseld liebt die morgen zu Ende gehende Bücherschau, den „Turbo für unser Geschäft“. Auch in diesem Jahr hat der Inhaber der Frankfurter Verlagsanstalt während der Messetage knapp 80 Termine absolviert. Vorgestern hat er bei sich zu Hause, wie an jedem Messedonnerstag seit fast 25 Jahren, seinen eigenen Empfang gegeben, den die Gäste wegen der familiären Atmosphäre und des exzellenten Essens schätzen. Morgen wird er sich, ebenfalls wie in jedem Jahr, mit fünf Verlegerfreunden aus dem Ausland zusammensetzen, um das während der Messe gefüllte Notizbuch mit möglichen neuen Titeln durchzugehen. So reichen ein paar hektische Messetage für die Planung mehrerer zukünftiger Verlagsprogramme.

Als Sohn des späteren Suhrkamp-Verlegers Siegfried Unseld und dessen erster Frau Hildegard kam Unseld 1953 in Frankfurt zur Welt. Er besuchte das Lessing-Gymnasium, später die Odenwaldschule, als Jugendlicher spielte er bei Eintracht Frankfurt Basketball. Das hat ihn zum leidensfähigen, aber lebenslangen Eintracht-Fan gemacht. Ein Anhänger seiner Heimat ist Unseld ebenfalls geblieben. Frankfurt, sagt er gerne, sei die Stadt, die ihn am wenigsten in der Ausübung seines Lebens behindere – modern und großstädtisch, weil klein und praktisch.

Verlassen hat er die Stadt als junger Mann, um seinem Vater als Suhrkamp-Chef folgen zu können. Er machte eine Lehre im Verlag und studierte in München und Berlin, dort wurde er 1981 mit einer Arbeit über Franz Kafka promoviert. Volontariate bei Verlagen in Paris, New York, Madrid und Barcelona kamen hinzu. Nach seiner Rückkehr wurde er bei Suhrkamp geschäftsführender Gesellschafter, leitete Vertrieb und Verkauf und war drei Jahre lang gleichberechtigter Verleger neben seinem Vater, bis dieser sich dafür entschied, sich mit dem Sohn zu überwerfen.

Unseld nahm sich eine Auszeit, ging nach Los Angeles, kam zurück, weil seine Mutter erkrankt war, und baute sich einen eigenen Verlag auf. 1994 übernahm er die Frankfurter Verlagsanstalt, seitdem verlegt er Gegenwartsliteratur. Zu seinen Autoren zählen Bodo Kirchhoff, Ernst-Wilhelm Händler und junge deutsche Schriftsteller. Viele Titel des Verlags kommen aus Frankreich und Spanien, einige Bücher hat sein Leiter selbst ins Deutsche übertragen. Die Einbände lässt Unseld, der lange selbst gemalt und fotografiert hat, von zeitgenössischen Künstlern wie Jonathan Meese oder Neo Rauch entwerfen.

Zu Unselds Hobby der vergangenen Jahre ist das ehrenamtliche Engagement geworden. Seit mehreren Jahren ist er Vorstandsvorsitzender der Arbeitsgemeinschaft Publikumsverlage im Börsenverein des deutschen Buchhandels und seit einiger Zeit Vorsitzender des Frankfurter Literaturhauses. Er gehört dem Kuratorium des Deutschen Literaturfonds in Darmstadt an und hat für den Verbleib der Buchmesse in Frankfurt gekämpft. Unerfreulicher war für ihn lange seine fortdauernde Bindung an den Suhrkamp-Verlag, an dem er auch nach seinem Ausscheiden Anteile hielt. Ihr Verkauf hat ihm gutgetan. Nur etwas stört ihn: Das Hausener Freibad, in dem er morgens gerne schwimmen geht, ist wegen Renovierung geschlossen. Wenn sich das geändert hat, wird Joachim Unselds Zuneigung zu Frankfurt noch stärker sein.

Von Florian Balke

Sebastian Weigle

Auch wenn sein Konterfei nicht an der Hauswand eines großen Kaufhauses hängt: Sebastian Weigle, der Generalmusikdirektor der Oper Frankfurt, dürfte allen Musikfreunden dieser Region ein Begriff sein. Allerdings – mit der Kenntnis des Familiennamens ist es in diesem Fall nicht getan, denn ein Weigle kommt selten allein. Sebastians Onkel ist der Dirigent Jörg-Peter Weigle, sein Bruder Friedemann Bratschist jenes Artemis-Quartetts, das in Frankfurt derzeit sämtliche Streichquartette von Beethoven interpretiert. Und damit nicht genug: Jörg-Peter Weigles Sohn Andreas ist Cellist im Rundfunk-Sinfonieorchester Berlin, seine Tochter Barbara Geigerin der Staatskapelle Berlin. Friedemann Weigles Sohn Jonathan wiederum ist gleichfalls Cellist.

Eine musikalisch weitverzweigte Familie also und dies nicht von ungefähr: Sebastians Vater, der 1997 gestorbene Gottfried Weigle, war Landeskirchenmusikdirektor von Berlin-Brandenburg. Viel Hausmusik, die Mitwirkung im Kirchenchor und derlei Tätigkeiten bestimmten Sebastian Weigles Kindheit nachhaltig. Mit fünf wurde er ans Klavier gesetzt, studierte dieses Instrument später auch, erwies sich jedoch nach eigener Einschätzung als „nicht der Begabtesten einer". Ausgerechnet ein so schwieriges Instrument wie das Horn, das er schon mit zehn Jahren intonierte, brachte den Erfolg: 1982, nicht einmal 21, war Weigle schon Solohornist der Staatskapelle Berlin – ein Amt, das er 15 Jahre lang bekleidete. Was dazwischenlag, war ungeachtet aller Freude am häuslichen Musizieren nicht immer lustig: „Wenig Kindheit, viel geübt", lautet Sebastian Weigles Fazit heute.

Eine Solostelle in Berlins renommiertestem Opernorchester – das wäre für andere Musiker vermutlich ein kaum zu steigerndes Berufs- und Lebensziel. Doch Sebastian Weigle entdeckte seine Begabung für den Dirigentenberuf und wurde darin von Daniel Barenboim bestärkt, dessen Assistent er wurde. Eine schöne Zeit, eine harte Zeit: „Ein typischer Barenboim-Arbeitstag dauert zwölf Stunden", weiß Weigle aus Erfahrung. Die Mühe aber hat sich in vollem Umfang gelohnt: Weigle durfte die Staatskapelle dirigieren – stellvertretend für Barenboim, der darauf bestand: „Wenn ich anwesend bin und selbst dirigiere, dann musst du Horn blasen": Sebastian Weigle hat dies bei einer Kammermusik auch schon in Frankfurt getan, aber eigentlich lässt ihm seine Dirigentenkarriere, die sich alsbald explosionsartig entwickelte, kaum mehr Zeit dazu.

Kein Wunder: Weigle übernahm 2004 mit dem Posten des Generalmusikdirektors am Gran Teatre del Liceu in Barcelona ein so ehrenvolles wie arbeitsintensives und zeitraubendes Amt. Zu Beginn der Spielzeit 2008/09 kam er nach Frankfurt, wo er am Opernhaus in gleicher Funktion tätig ist. Inzwischen fühlt sich der in Sachsenhausen wohnende Künstler nach eigenem Bekunden „so richtig als Frankfurter". Allerdings – das Sehnsuchtspotential nach dem Süden lässt sich nicht immer ganz verdrängen, und gerade Barcelona hatte da ja manches zu bieten: „Ich wünschte mir in Frankfurt ein richtig gutes Tapas-Restaurant", sagt Sebastian Weigle. Er tut es ohne Wehmut, denn, davon abgesehen, ist Frankfurt ja voll und ganz in Ordnung, und die Oper ist es sowieso.

Von Harald Budweg

Herbert Grüntker

Ein Generalbevollmächtigter der Landesbank Hessen-Thüringen wird Vizechef der Frankfurter Sparkasse. Allein dieser Karriereschritt wäre kaum denkbar gewesen in den alten Zeiten, in denen die beiden Häuser links und rechts der Neuen Mainzer Straße wenig miteinander zu tun hatten. Herbert Grüntker ist aber diesen Weg quer über die Straße am 1. November 2005 gegangen. Er war damit Vorposten des neuen Eigentümers der Frankfurter Sparkasse, die in einer schweren Krise an die Landesbank verkauft worden war. „Integration Officer" nannte sich Grüntker, seine Aufgabe war es, die Sparkasse nach 183 Jahren stolzer Selbstständigkeit zügig in den weitaus größeren Helaba-Konzern einzugliedern.

Grüntker hat seine Chance genutzt. Nach nicht einmal zwei Jahren, am 1. September 2007, wurde er mit dem Chefposten in der Sparkasse belohnt. Geholfen haben ihm bei der Lösung der kniffligen Aufgabe sicher seine Gelassenheit und Ernsthaftigkeit; vom Habitus anderer Bankchefs, die gute Ergebnisse bisweilen mit fast kindlicher Freude präsentieren, unterscheidet sich sein Auftritt denkbar stark.

Bei der Frankfurter Sparkasse gab es freilich auch über Jahre hinweg keinen Anlass für Jubel. Nachdem die Krise, in die sie in der ersten Hälfte des Jahrzehnts durch Managementfehler geraten war, bewältigt schien, traf die Pleite der Investmentbank Lehman Brothers 2008 das Kreditinstitut mit voller

Wucht, weil den Sparkassen-Kunden zu Tausenden Zertifikate ausgerechnet dieser amerikanischen Bank verkauft worden waren. Grüntker spricht noch heute vom „größten Schock" in seinem Berufsleben, er litt sichtbar an diesem Rückschlag. Es dauerte etwas, bis sich der Vorstand zu einer vorzeigbaren Kulanzlösung bereitfand. Aber Grüntker und seine Kollegen gingen niemals auf Tauchstation wie die Manager anderer Häuser, die diese nun wertlosen Produkte genauso vertrieben hatten.

Die Verstrickung in die Lehman-Pleite berührte Grüntker vielleicht auch deshalb so sehr, weil er über Jahre führende Positionen in der Helaba innehatte, in der seit ihrem eigenen Fall in den siebziger Jahren Vorsicht oberstes Gebot ist. Nach dem Studium in Köln kehrte er als Diplom-Kaufmann in seine Heimatstadt Frankfurt zurück, wo er die achtziger Jahre bei der BHF-Bank verbrachte, zuletzt als Leiter der Abteilung Vermögensverwaltung. Nach einer Zwischenstation bei den Barmenia-Versicherungen in Wuppertal kam er schon 1993 als Bankdirektor zur Helaba und wurde 1997 Generalbevollmächtigter, auch dort stets betraut mit Aufgaben in der Vermögensverwaltung.

Grüntker lässt sich mit seiner Frau auf dem Parkett der Mainmetropole sehen, allein gelegentlich auch bei der Eintracht, zu deren Fans sich der Fünfundfünfzigjährige seit Jugendtagen zählt. Im Winter fährt er Ski, im Sommer Fahrrad, gerne die Nidda entlang, das ist von Karben aus, wo die Familie wohnt, nicht weit. Er freut sich, dass 2010 für die Frankfurter Sparkasse bisher zufriedenstellend verlaufen ist, dass überhaupt die Sparkassen besser durch die Krise gekommen sind als die Großbanken, deren Chefs zuvor das große Wort führten. Man habe die Kosten im Griff, die Risikolage sei entspannt, sagt Grüntker. Zunehmend entspannt ist er auch selbst wieder nach den Turbulenzen seit 2005. Herbert Grüntker ist einer, der seinen Platz gefunden hat; das ist ja nicht wenig.

Von Manfred Köhler

Matthias Scheuring

Auch wenn Matthias Scheurings derzeitige Rolle ziemlich viel Karacho und Einsatz fordert – zu Karambolagen kommt es dabei nicht wirklich, zu Rangeleien wohl. Als gewichtiger Räuberhauptmann Mattis mit wildem Zottelhaar und weichem Herz ist Scheuring in „Ronja Räubertochter“ am Schauspiel zu sehen. Wieder einmal am Frankfurter Theater zu spielen, gefällt ihm. Nicht nur, weil er dann, wenn er nicht gerade auf der Bühne steht, wie jetzt im Familienstück nach Astrid Lindgren, einmal in der Woche nach Schwanheim fährt. Denn dort steht ein Carambolage-Tisch, und diese Form des Billard, die er besonders liebt, sei heutzutage leider rar, sagt Scheuring.

Das seltene Stück ist nicht das Einzige, was Scheuring an Frankfurt schätzt. Eine „enge Großstadt“ nennt er die Minimetropole, in der sich auch die gesamte Schauspielszene kennt. ICE vor der Haustüre und der „Fluchthafen“, wie er ihn nennt, gehören dazu, denn er ist viel unterwegs. Die Kleinmarkthalle schätzt der passionierte Koch, der gutes Essen liebt und guten Wein – der eigene Weinberg liegt nicht weit von Frankfurt entfernt an der Mosel. Am Markt auf der Konstablerwache genießt der gebürtige Kieler allerdings eher ein Leberwurstbrot und dazu einen Schoppen. „Ich liebe guten Apfelwein!“

Dass er sich auch der Frankfurter Mundart hingebungsvoll widmen kann, beweist er seit Jahren in den Inszenierungen von Michael Quast und Wolfgang Deichsel für „Barock am Main“ und mit Quasts „Fliegender Volksbühne“. Am

Sommertheater im Bolongaro-Garten schätzt er das „Volkstheater im besten Sinne", er darf „spielen und laut sein und sich ans Publikum ranschmeißen". Das gelingt ihm ebenso wie das wohltönende Couplet-Singen, bekannt geworden aber ist er mit seiner Darstellung vielschichtiger und konfliktbeladener Charaktere in Zusammenarbeit mit vielen großen Regisseuren,

Frankfurt ist ihm, mit Unterbrechungen, seit 1974 so etwas wie Heimat. Damals kam der 1957 geborene Scheuring an die Musikhochschule, studierte Schauspiel und war anschließend bis 1980 bei Peter Palitzsch am Schauspiel Frankfurt. Nach einem Intermezzo am Hamburger Thalia Theater kam er wieder nach Frankfurt – es folgten eine Auszeit auf einem toskanischen Bauernhof und schließlich der Wechsel ans Wiener Burgtheater. Nicht erstaunlich also, dass das Wienerische der kleinen Leute ihm so gut von den Lippen geht, wenn er, einmal im Monat, Qualtingers „Der Herr Karl" im Stalburg Theater spielt. Seit geraumer Zeit arbeitet Matthias Scheuring als freier Schauspieler, am Theater, aber auch für Film und Fernsehen. „Ein guter Schauspieler kann man überall sein", lautet sein Credo, allerdings träume er stets vom unverstellten, gemeinsamem Arbeiten aller an einer Produktion Beteiligten, am besten im Gleichklang.

Mittlerweile hat er eine Agentin, so kann er sich aufs Spielen, Lesen und Lernen konzentrieren. Und auch wenn er nicht allzu gern schwierige Texte paukt, ist er fest überzeugt vom „Glück, einen wunderschönen Beruf zu haben". Der soll ihn, vielleicht, künftig öfter in Frankfurt halten. Hier wohnt er, schon lange bevor das modisch wurde, im Bahnhofsviertel. Nicht nur, weil er von dort aus so rasch den Zug nehmen kann. Er schätzt die Ehrlichkeit der Verhältnisse dort. Seinem Viertel gibt er auch etwas zurück: Seit vier Jahren liest Scheuring an Heiligabend in der Diakoniekirche Obdachlosen die Weihnachtsgeschichte vor.

Von Eva-Maria Magel

Karlheinz Voß

Sollten Sie beim Neujahrsempfang der Stadt Frankfurt am Dienstag im Römer den neuen Chef des städtischen Protokolls begrüßen, brauchen Sie sich um dessen kalte Hände keine Sorgen zu machen: Karlheinz Voß leidet in Stresssituationen immer unter klammen Fingern. Wenn alles gut gelaufen ist, werden Sie feststellen, dass beim Abschiedshändedruck seine Hände wieder Normaltemperatur angenommen haben. Es besteht übrigens kein Grund zu der Annahme, es könnte irgendetwas schiefgehen, denn Karlheinz Voß ist ein alter Hase, ein Protokollprofi.

Mit seiner langjährigen Chefin Karoline Krämer verstand er sich blind: Wenn die erste Dame des Protokolls der Stadt Frankfurt und ihr damaliger Mitarbeiter Karlheinz Voß bei einem feierlichen Akt im Kaisersaal oder in der Paulskirche schnell etwas richten mussten, dann genügte eine beinahe unmerkliche Wendung des Kopfes oder eine Bewegung der Augen, um dem anderen zu signalisieren, dass protokollarischer Handlungsbedarf bestand. Seit dem Jahresbeginn nimmt Voß nun Frau Krämers Position ein. Man war nicht gleich auf ihn gekommen, als die langjährige Leiterin der Protokollabteilung im Sommer 2008 in den Ruhestand trat. Es wurde zunächst eine andere Lösung gefunden, doch mit der neuen ersten Dame des Protokolls war man im Römer schnell unzufrieden. Bei Karlheinz Voß aber weiß man, was man und wen man hat. Immerhin steht er seit dem 15. September 1971 in den Diensten der Stadt und arbeitet seit dem 10. Oktober 1978 beim Protokoll. Dass er ein erfahrener Beamter ist, schadet in dieser Position nicht. „Das Protokoll“ gilt im Verwaltungskosmos zwar als eher exotische Abteilung, doch auch hier zählt das Wissen um Abläufe, Hierarchien und nicht zuletzt um Kosten.

Gleich nach dem Abitur an der Musterschule war der am 3. November 1952 geborene Frankfurter in städtische Dienste getreten, sein Ausbilder war übrigens der spätere Bürgermeister Achim Vandreike. Nach sechs Semestern Verwaltungsfachhochschule in Frankfurt durfte Voß sich Diplom-Verwaltungswirt nennen und arbeitete im Büro des damaligen Planungsdezernenten Hans Küppers, als ihn ein Anruf von Wolfram Brück erreichte. Der spätere Oberbürgermeister, Nachfolger Walter Wallmanns, war zu jener Zeit Personaldezernent und machte dem jungen Beamten ziemlich schnell klar, dass man ein Angebot, ins Protokoll zu wechseln, besser nicht ausschlagen sollte. Voß sagte ja, obwohl in der Stellenbeschreibung ausdrücklich von „ungünstigen Arbeitszeiten“ die Rede gewesen war, und fing nach einem halben Jahr Feuer: Hier gab es kein Bundessozialgesetzbuch und keine Loseblattsammlung zum Bau- und Planungsrecht, hier kam es auf Fingerspitzengefühl, Situationsaufmerksamkeit und jene Menschenkenntnis an, die sich aus Büchern nicht erlernen lässt.

Seither arbeitet der Vater eines Maschinenbaustudenten fürs Protokoll, hat Staatsmänner und Friedenspreisträger betreut, Gorbatschow und Mitterrand, Jürgen Habermas und Martin Walser, den spanischen König und den kroatischen Staatspräsidenten – Voß hat sie kennengelernt, aber er ist zugleich von der Richtigkeit der alten Journalistenmaxime überzeugt: Wir sind dabei, aber wir gehören nicht dazu. Eines lässt er bei seiner Aufgabe freilich nie aufkommen: Routine. Denn Voß weiß, dass der Satz „Wir machen alles wie immer“ schon den Keim des Fehlers birgt. Deswegen wird auch am Dienstag, beim ersten Neujahrsempfang unter seiner alleinigen Verantwortung, sicherlich alles klappen. Wovon man sich ja beim Händedruck zum Abschied überzeugen kann.

Von Peter Lückemeier

Erscheinungsdatum

Christa Näher	08.01.2000
Paolo Carignani	12.02.2000
Peter Knorr	15.07.2000
Manfred Kaufmann	30.09.2000
Iring Fetscher	14.10.2000
Herbert Beck	04.11.2000
Lothar Gall	02.12.2000
Heiner Thorborg	16.12.2000
Carl-Ludwig von Boehm-Bezing	20.01.2001
Silvia Bovenschen	27.01.2001
Barbara Siehl	17.02.2001
Esther Gebhardt	14.04.2001
Peter Steinacker	16.06.2001
Carlo Giersch	25.08.2001
Salomon Korn	08.09.2001
Bruder Paulus	24.11.2001
Günter Berg	09.02.2002
Ernst Welteke	02.03.2002
Hubert Buchberger	16.03.2002
Stefanie Zweig	30.03.2002
Rupert von Plottnitz	04.05.2002
Michael Schaar	20.07.2002
Michael Herl	24.08.2002
Ardi Goldman	12.10.2002
Brigitte Tilmann	14.12.2002
Rudolf Steinberg	28.12.2002
Bernd Ehinger	15.02.2003
Hans-Peter Zarges	19.04.2003
Uwe Becker	14.06.2003
Michael Endres	28.06.2003
Rainer Brenner	02.08.2003
Robin Fritz	20.09.2003
Jochem Jourdan	29.11.2003
Peter Heusch	13.03.2004
Bergit Gräfin Douglas	03.07.2004

Dieter Graumann	11.09.2004
Susi Bär	04.12.2004
Willy Praml	23.07.2005
Burkhard Custodis	03.09.2005
Rüdiger von Rosen	17.09.2005
Johannes Ernst	05.11.2005
Matthias Jenny	12.11.2005
Eberhard Kramer	08.07.2006
Klaus-Peter Müller	15.07.2006
Anne-Marie Steigenberger	22.07.2006
Axel Honneth	12.08.2006
Alexandra Prinzessin von Hannover	13.01.2007
Thomas Rietschel	03.02.2007
Helmut Reitze	10.02.2007
Dieter Weirich	14.04.2007
Hans Wilhelm Gäb	26.05.2007
Nikolaus Hirsch	07.07.2007
Peter Kurzeck	21.07.2007
Paavo Järvi	04.08.2007
Horst Stöcker	11.08.2007
Axel Weber	18.08.2007
Michael Stolleis	01.09.2007
Andreas Povel	13.10.2007
Karl Dietrich Wolff	10.11.2007
Lutz Raettig	12.01.2008
Ulrich Höller	09.02.2008
Achim Frenz	08.03.2008
Jan Gerchow	19.04.2008
Gabriele Scherle	03.05.2008
Hans Reckers	17.05.2008
Elisabeth Schweeger	31.05.2008
Constanze Kleis	14.06.2008
Sabine Fischmann	21.06.2008
Volker Mosbrugger	05.07.2008
Stefan Körzell	19.07.2008
Thomas Reichert	09.08.2008
Reinhard Kaiser	06.09.2008
Werner Müller-Esterl	04.10.2008

Angelika Bierbaum	22.11.2008
Bernd Fülle	29.11.2008
Jürgen Engel	27.12.2008
Oliver Sebel	10.01.2009
Manfred Niekisch	28.02.2009
Alfred Schmidt	21.03.2009
Martin Peltzer	28.03.2009
Rainer Weiss	04.04.2009
Tobias Rehberger	30.05.2009
Peter Lerchbaumer	05.09.2009
Konstantina Dagianta	12.09.2009
Christine Glasner	10.10.2009
Klaus-Albert Bauer	07.11.2009
Boris Rhein	12.12.2009
Henry Faktor	16.01.2010
Josef Pfeilschifter	23.01.2010
Juergen Boos	13.03.2010
Bernd Loebe	17.04.2010
Nina Hollein	12.06.2010
Azko Iimori	26.06.2010
Andrea von Bethmann	11.09.2010
Hans Sarkowicz	25.09.2010
Pascal Roller	02.10.2010
Joachim Unseld	09.10.2010
Sebastian Weigle	13.11.2010
Herbert Grüntker	04.12.2010
Matthias Scheuring	18.12.2010
Karlheinz Voß	08.01.2011